矢沢心の簡単&ヘルシー★レシピ

2人で食べる!

Contents

矢沢心の簡単 & ヘルシー★レシピ

2人で食べる！

4 　はじめに

第1章
我が家の定番メニュー！ BEST10

8 　豚肉のチーズたっぷりホールトマト煮
10 　豚肉とキャベツのミルフィーユ蒸し
12 　ヨーグルト入りハンバーグ
14 　矢沢流味噌汁
15 　ぶっかけうどん
16 　筑前煮
17 　鶏チリ
18 　すき焼き
19 　シーフードカレー
20 　ポトフ

第2章
たっぷり野菜で毎日ヘルシー！

24 　豚肉と山の幸の田舎煮
26 　きのこたっぷり豆腐ステーキ
28 　根菜甘酢和え
29 　イカのトマト煮
30 　かぼちゃ煮
31 　紫玉ねぎとトマトのカルパッチョ
32 　とろろ昆布風味の即席サラダ
32 　豆とじゃがいものポテトサラダ
33 　五目煮
34 　キャベツと小松菜の塩昆布浅漬け
35 　みょうが風味のサラダ
36 　カリフラワーのタルタルソースがけ

第3章
カロリーオフのおいしい肉料理

- 40 豚ロースの甘ダレ炒め
- 42 豚肉のみぞれ煮
- 44 鶏手羽の根菜煮
- 45 豚肉と玉ねぎの冷製
- 46 牛すじ煮込み
- 47 豚肉と山いものレモン風味焼き
- 48 ささ身とピーマンのマリネ
- 49 豚肉とたっぷり野菜のスチーム
- 50 ボイルレバーのソース漬け
- 51 鶏肉のめんつゆ煮
- 52 鶏手羽先のやわらかスープ
- 53 鶏肉のおろし和え

第4章
作りおき&冷凍・缶詰！活用レシピ

- 58 シーフードと野菜のチヂミ
- 59 ホタテ缶煮
- 60 ホタテのオリーブオイルソテー
- 61 ホタテのかきたまスープ
- 62 ほうれん草とコーンのバター炒め
- 63 さつまいものあずき煮
- 64 もちもち肉団子
- 65 あさりとじゃがいものサラダ
- 66 キャベツとツナサラダのサンドイッチ
- 67 ガルバンゾ豆とひき肉のコロッケ
- 68 野菜の中華ピクルス

第5章
ササッと手軽に作る！もう1品

- 70 なす蒸し
- 70 キャベツ蒸し
- 71 カニかまの海苔巻き
- 72 すいとん
- 73 きゅうりとわかめの梅肉酢和え
- 73 きゅうりとタコの酢の物
- 74 イカの明太子和え
- 74 切り干し大根
- 75 ちくわの天ぷら〜青のりと桜えび風味
- 76 即席佃煮風
- 76 ひじき
- 77 そうめんスナック
- 78 焼き梅入りうどん
- 79 きんぴらごぼう
- 79 ごま酢和え

- 22 野菜料理の基本 / 矢沢流 黄金タレの作り方
- 38 肉料理のカロリーオフ！テクニック
- 54 コラム〜朝・昼・スイーツ
- 56 作りおき&保存のテクニック

- 80 お気に入りグルメ・カタログ
- 82 お役立ちキッチンツール
- 84 食材別INDEX
- 86 あとがき

※計量の単位は、大さじ1＝15ml、小さじ1＝5ml、1カップは200ml。1ml＝1cc。
※カロリー表記は1人分のものです。調理時間は一般的な目安です。
※本書で紹介した商品情報は2009年4月1日現在のものです。料金などの仕様は予告なく変更になる場合があります。

はじめに

毎日、何を作るか悩んでいる方々へ

仕事と家庭を両立している方々へ

カロリーを気にしている方々へ

素早く簡単に美味しく作れる丸ごとレシピを少しでも参考にしていただければ嬉しいです♪

　必要な食材は、その時に。しかも泥つき！　よく食する野菜は丸ごと買い。キレイな物は多少ビタミンが落ちてしまっています。1週間で使い切ればカット買いよりも安あがり。食べない分は買ってすぐに冷凍庫で保存すると栄養もそのまま保てます。

　美味しいのは当たり前。いかに安く簡単に作れるかがポイントです。また買い物に行かず、ストック品や冷蔵庫の残り物で作れた時は自画自賛。料理が美味しければ気分よし。

　食卓に並べる時は、大皿にドーンとは置きません。うちでは1人前、小分け法にしています。自分が食べる量だけを目の前に置けば自分が何をどれだけ食べたか分かりますよね。

　もちろんゴハンはよく噛み、口に入れたら1回1回、箸を置くといいですよ。そうすると、ガッつくことなく味わうことが出来て、食事も楽しく時間をかけることができます。

　ちなみに我が家の箸置きはコルクを再利用しています。意外とすべらなく見た目もおしゃれな食卓を演出できちゃいます。

　誰のために作るのか？　何のために作るのか？　あれこれ考えるのは疲れます。何を作るか、考えている時間がもったいない。作る時間に限りあり。そんな時は、このレシピ本を開いてみてください。きっと何か見つかりますよ！

　　　　　　　　　　　　　　　　　　　　矢沢心

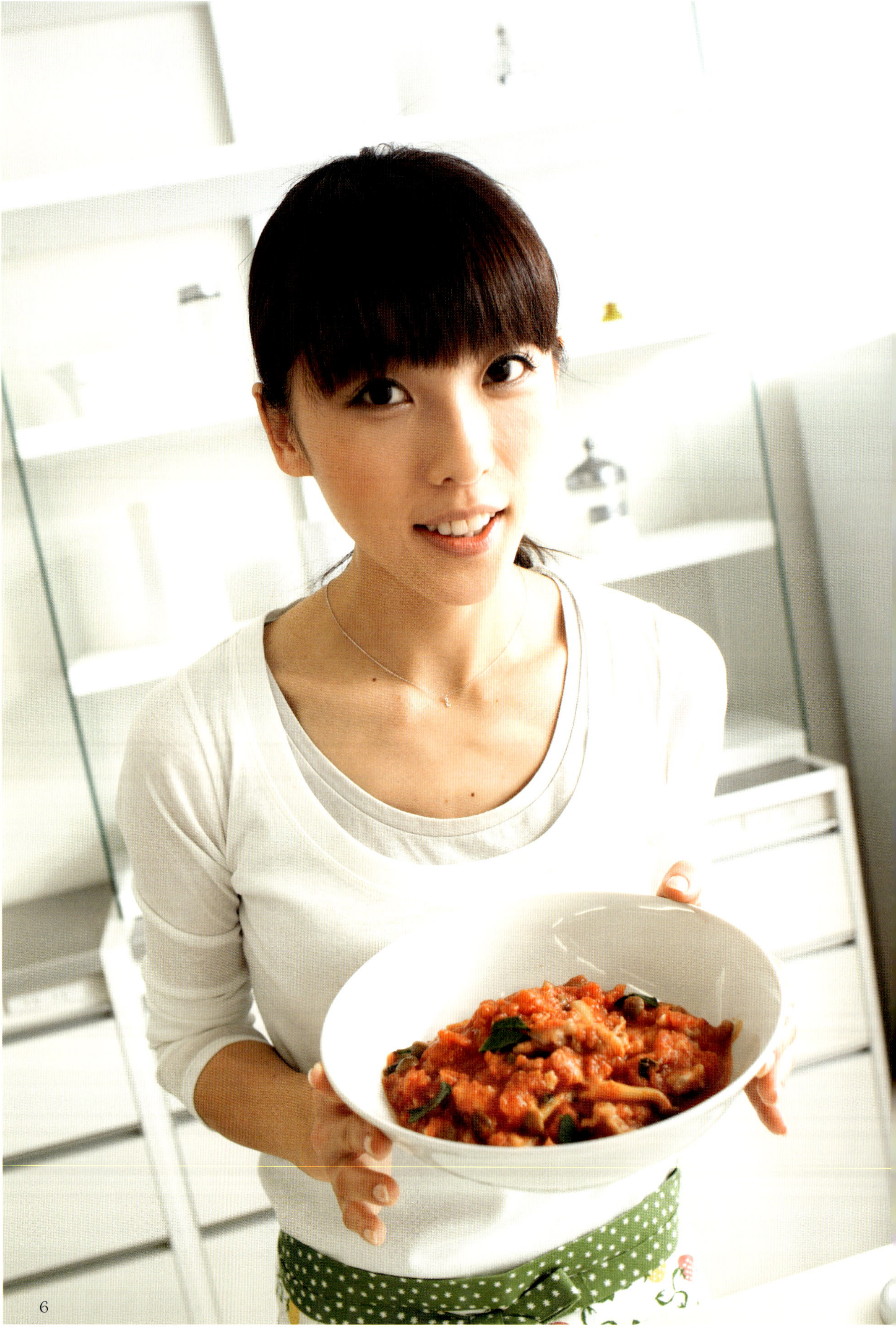

第1章

我が家の定番メニュー BEST 10

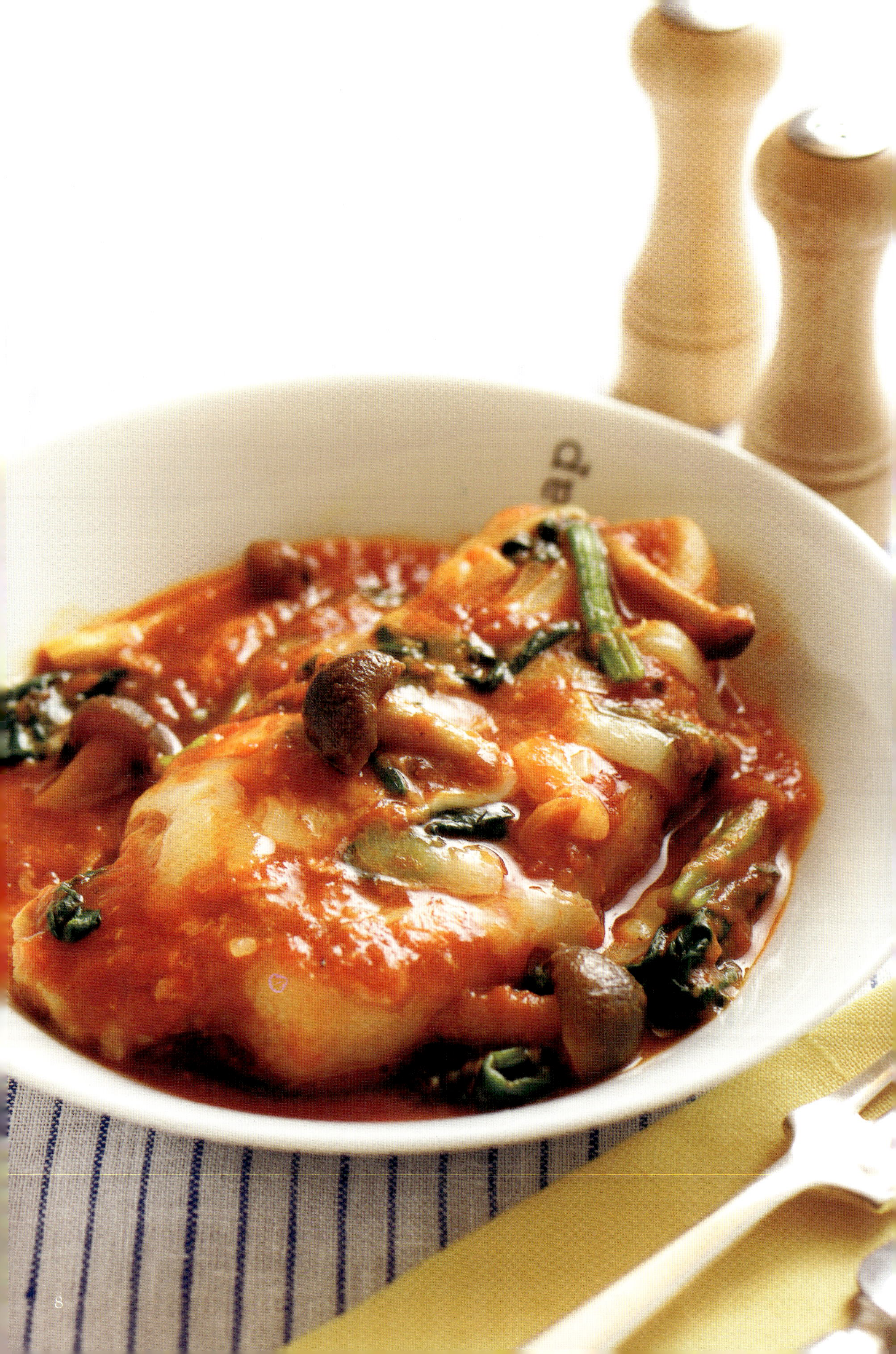

豚肉のチーズたっぷりホールトマト煮

トロトロにとけたチーズができあがりのサイン。
トマトと豚肉をたっぷりからめてアツアツをどうぞ。

446 kcal

調理時間 約10分

材料：2人分

大根：10cm
豚の厚切りロース肉：2枚
塩・コショウ：各少々
小麦粉：適量
オリーブ油：大さじ1
にんにく：1片
ホールトマト：1缶（400g）
しめじ：1/2パック
ほうれん草：1/2束
しょうゆ：小さじ1
みりん：適宜
とろけるチーズ：1/4カップ

作り方：

① 豚肉の両面に塩、コショウをふり、小麦粉をまんべんなくまぶして余分な粉を落とす。にんにくは皮をむき、みじん切り、しめじは石突き（根元の硬い部分）を落として2~3本にほぐす。

② フライパンにオリーブ油とにんにくを入れて弱火で熱し、香りがでてきたら豚肉を加えて中火で両面を焼く。

③ 肉に火が通ってきたら、しめじを加えてさっと炒め、ホールトマトを加える。さらに沸騰してきたら、約5分煮る。

④ 「3」に茹でて4cm幅に切ったほうれん草を加えて塩、コショウ、しょうゆで味を調える（甘味を出したいときはみりんを加える）。

⑤ 火を止めて、チーズをまんべんなくのせ、蓋をして1~2分、チーズがとけたらできあがり。

小麦粉をまぶした豚肉を、オリーブ油で両側に焼き色がつくまでじっくりと焼きます。

豚肉にしめじを加え火が通ったら、ホールトマトを加えます。カップに入れておくと便利です。

味が調ったら、最後にチーズを加えます。ピザ用のとろけるチーズをたっぷり入れます。

矢沢流 Point!

チーズをたっぷり入れるのでコクがある味に仕上がります。

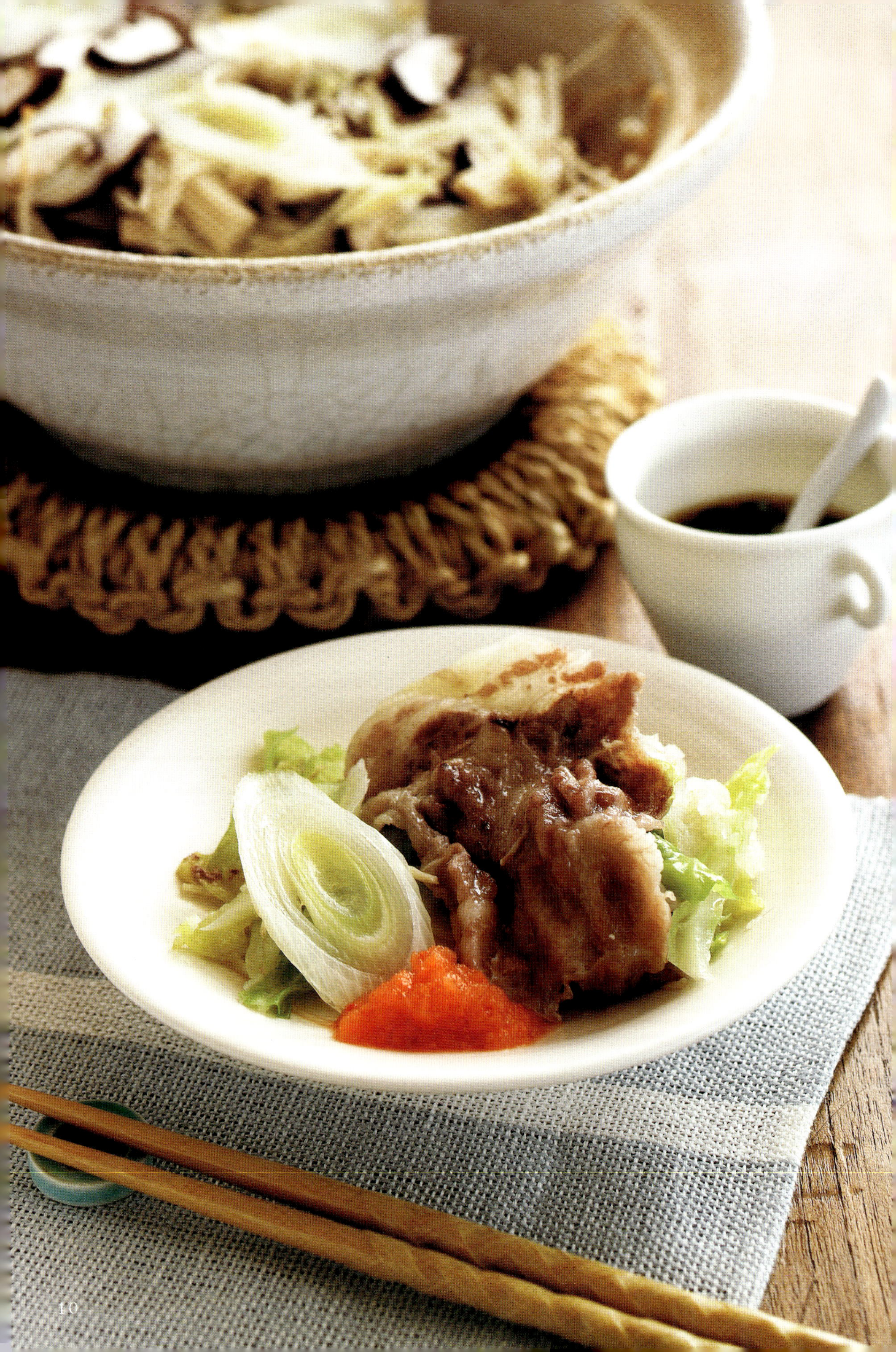

豚肉とキャベツのミルフィーユ蒸し

大根おろし、たっぷりのキャベツと一緒に豚肉を蒸して、
ポン酢でさっぱりといただきます。

材料：2人分

大根：10cm
キャベツ：2枚
豚肉（しゃぶしゃぶ用）：150g
しょうが：1片
エノキ：1本
しいたけ：2枚
長ねぎ：1/2本

タレ

- 市販のポン酢
- 市販のもみじおろし
- あさつきの小口切り 各適量

274 kcal

調理時間 約15分

作り方：

1. 大根は皮をむきおろす。キャベツはひと口大のざく切りに。しょうがは千切り。エノキとしいたけは石突きを切り落とし、薄くスライス。長ねぎは斜めにスライスする。

2. 土鍋に、大根おろしをまんべんなく敷く。その上にキャベツを平らに敷く。さらに、豚肉を平らに並べて、しょうが、エノキ、しいたけ、長ねぎの順に重ねる。

3. 土鍋の蓋をして中火で約8分蒸す。

4. 仕上がりに、ポン酢にもみじおろしとあさつきを加えたタレを添える。

大根おろしを土鍋の底に敷きます。土鍋の上で直接おろすと、より手軽にできます。

キャベツを大根おろしの上に敷きつめていきます。平らにまんべんなく敷きましょう。

キャベツの上に豚肉を薄くのばしながら平らに全体に広がるように敷きます。

矢沢流 Point!

豚肉の代わりに鮭、キャベツの代わりに白菜などでアレンジしてもおいしいですよ。

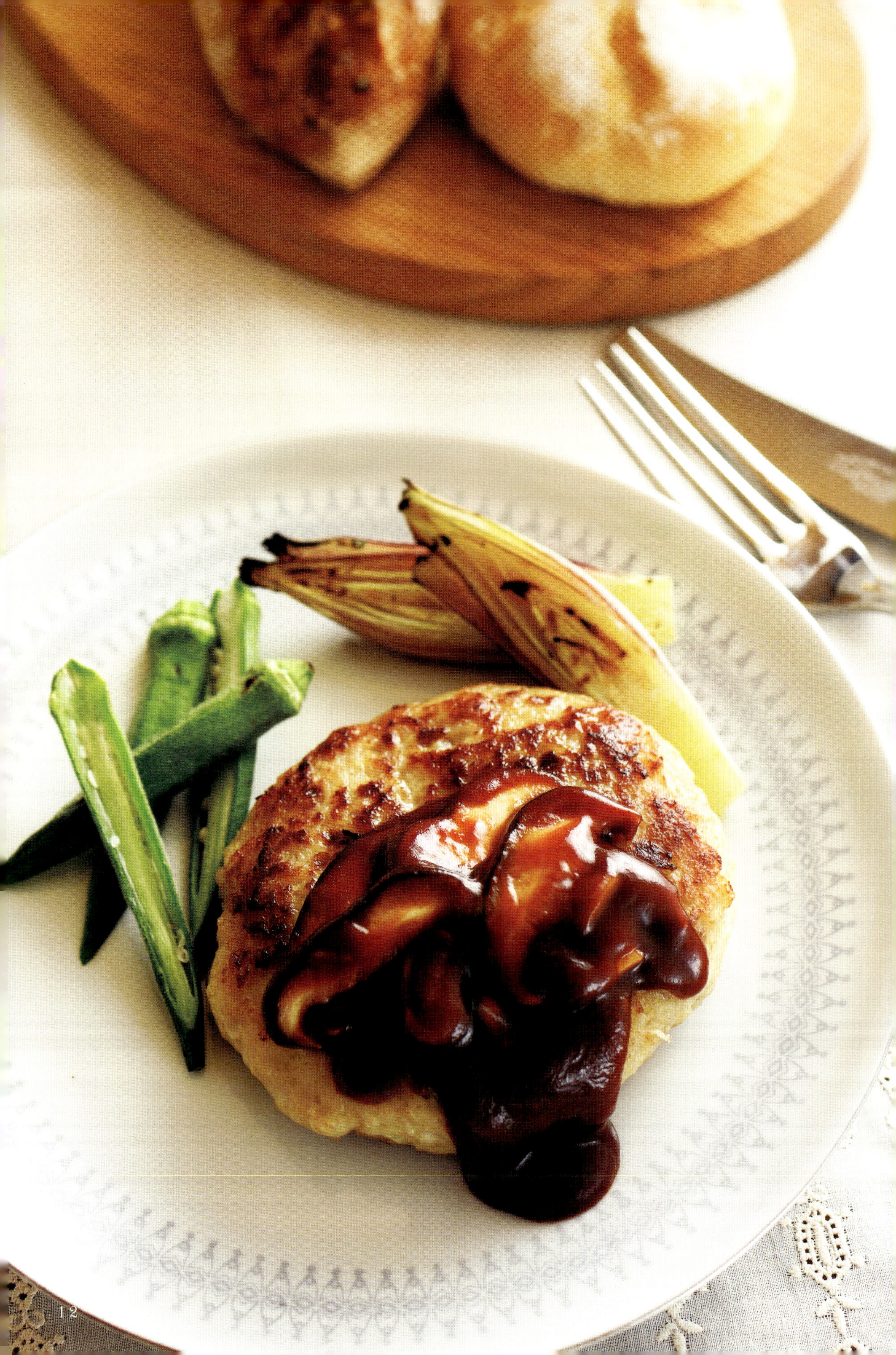

ヨーグルト入りハンバーグ

ヨーグルトを加えただけでとびきりジューシーに変身！
ほどよい酸味もソースとよく合います。

材料：2個分

鶏ひき肉：80g
豚ひき肉：120g
玉ねぎ：1/4個（70g）
オリーブ油：大さじ1
おろししょうが：小さじ1/2
パン粉：50g
ヨーグルト：40ml
水：小さじ2
卵：1/2個
塩：小さじ1/2
コショウ：少々
しいたけ：1枚

ソース
　中農ソース：大さじ3
　ケチャップ：大さじ3

474 kcal

調理時間 約20分

作り方：

1. 玉ねぎはみじん切りにして、半量のオリーブ油で炒めて冷ましておく。パン粉はヨーグルトを水でのばしたものに浸す。しいたけは石突きを取り、薄くスライスする。

2. ボウルにひき肉、玉ねぎ、パン粉、おろししょうが、卵、塩、コショウを加えて、手で粘りが出るまで素早く練る。

3. 手にオリーブ油を塗り(分量外)、「2」を2等分にして1個を手で小判型に成型する。両手で交互にキャッチボールするようにしながら空気を抜く。火が通りやすいように真ん中に凹みをつける。残りも同じように作る。

4. フライパンに、残りのオリーブ油を敷き、強火で熱して「3」のパテをのせる。焼き色がついたら裏返して、弱火にして蓋をして約5分蒸し焼きにする。竹串を刺して、透明な汁が出てきたら焼きあがり。

5. ハンバーグを取り出したフライパンの余分な油をふき取り、ソースとケチャップを加えて中火にかける。沸騰してきたら、しいたけを加え、しいたけに火が通ったら火を止めて、ハンバーグにかける。

パン粉にヨーグルトを加えて、よくなじませます。ヨーグルトは水を加えてのばしておきます。

ボウルにひき肉、玉ねぎ、パン粉、卵などの材料を入れて、手で素早く練っていきます。

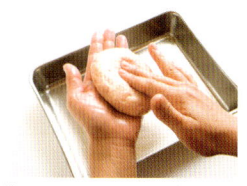

練りあがったものを小判型に成形します。焼くと縮むので大きめにし、中心に凹みをつけます。

天沢流 Point!

牛乳の代わりにヨーグルトを加えたパン粉を使うと、さっぱりヘルシーに仕上がります。

矢沢流味噌汁

大根おろしを作ったら、残った汁はぜひとっておきましょう。
びっくりするほどうま味が増します。

109 kcal

調理時間 約5分

材料：2人分

大根おろしの残り汁：50ml程度
かつおだし汁：400ml
油揚げ：1枚
なめこ：1パック
味噌：大さじ2

作り方：

1. 熱湯で油揚げの余分な油を落とし、1cm幅に切る。なめこはさっとふり洗いする。
2. 鍋にかつおだし汁を注ぎ、中火にかけて沸騰したら、油揚げとなめこを加える。再び沸騰したらいったん火を止め味噌を加える。そこに大根の残り汁を加えて再び沸騰させる。

矢沢流 Point!

数回沸騰させると、さらにしっかりした味になります。残ったらキムチを入れてチゲ風にアレンジ！

ぶっかけうどん

簡単で、おいしくて、栄養バッチリ。
ひと口食べたらズルズルっとお箸がとまらない!!

466 kcal

調理時間 約 10 分

材料：2人分

うどん：2玉
長いも：10cm
たくわんの薄切り：4枚
長ねぎ：5cm
納豆：1パック
大根おろし：5cm分
梅干：1個
オクラ：2本
ちりめんじゃこ：大さじ2
市販のめんつゆ：200ml
削りぶし：適量

作り方：

① 長いもは皮をむき、ビニール袋に入れて麺棒などでたたいて潰す。たくわんと長ねぎはみじんに切る。梅干は種を取り除き、包丁の背でたたいて梅肉にする。オクラは塩ずりして洗い、小口に切る。

② うどんは茹でて、水で洗いしっかりと水気を切り、2等分して器に盛る。

③ 器にそれぞれ、長いも、長ねぎ、たくわん、納豆、軽くしぼった大根おろし、梅肉、オクラ、ちりめんじゃこをのせる。

④ 上からめんつゆをかけて、削りぶしをのせる。

矢沢流 Point!

うどんの代わりにそうめんでもOK。いろんなものをのせて楽しんでみてください。

筑前煮

鶏の脂がなくても野菜のもち味とだしが合わされば、充分にコクのあるやさしい味になります。

369 kcal

調理時間 約 20 分

材料：2人分

にんじん：1本
れんこん：10cm
水煮たけのこ：小1本
ごぼう：1/2本
鶏モモ肉：100g
こんにゃく：1枚

調味料

水：300ml
酒：100ml
しょうゆ：50ml
砂糖：大さじ2
みりん：大さじ1

作り方：

① にんじんとれんこんは皮をむき、ひと口大の乱切りにする。たけのこはさっと茹でて乱切りにする。ごぼうは表面をたわしでこすり、乱切りにして水にさらす。鶏肉は余分な脂肪を取り除き、ひと口大に切る。こんにゃくは塩もみし水で洗って熱湯に通し、ひと口大に切る。

② にんじん、れんこん、たけのこ、ごぼうは耐熱容器に入れ、ラップをして電子レンジ強（600w）で約2分加熱する。

③ 鍋に油を敷き、にんじん、れんこん、ごぼう、たけのこ、鶏肉、こんにゃくの順に炒める。全体に油が回ったら、調味料を加えて中火で約10分、野菜がやわらかくなるまで煮る。

矢沢流 Point!

少なめのお水で、グツグツと煮込むとおいしく仕上がります。

鶏チリ

286 kcal

調理時間 約15分

ワンパターンになりがちな鶏料理も、エスニック風なら簡単。
いつもと違う食卓を演出してみては。

材料：2人分

鶏ムネ肉：1枚
オリーブ油：大さじ1
にんにく：1/2片
レタス：2枚
市販のチリソース：適量
※作る場合は以下参照。
長ねぎ（白い部分）：5cm
塩・コショウ：各少々

作り方：

① 鶏肉は厚い部分に切り込みを入れて平らにし、塩、コショウをふる。にんにくは皮をむき、芽を取る。長ねぎはせん切りにして白髪ネギを作り、水にさらす。レタスはせん切りにして、水にさらす。

② フライパンにオリーブ油とにんにくを入れ弱火にかける。にんにくの香りが出てきたら、中火にして鶏肉を皮面から焼く。焼き色がついたら裏返す。鶏肉が焼けたら取り出して、2cm幅にスライスする。

③ 器に水気を切ったレタスを並べ、鶏肉と水気を切った白髪ネギを上にをのせて全体にチリソースを回しかける。

スイートチリソースの作り方

材料
砂糖：1/2カップ
タカノツメ：5本
にんにく：2片
酢：2/3カップ（130ml）
ナンプラー：50ml

作り方
1 小鍋に砂糖と水100mlを入れて火にかけ、ひと煮立ちさせる。砂糖が溶けたら火を止め、粗熱を取る。
2 別の鍋にタカノツメとかぶるくらいの水を入れて火にかける。沸騰したら弱火にし、タカノツメが手でちぎれる柔らかさになるまで、約10分間煮る。
3 にんにく、タカノツメ（種ごと）をすり鉢でつぶし、酢、ナンプラーを加えて、「1」と混ぜ合わせる。
※清潔な密閉瓶に入れて冷蔵庫で1週間持ちます。

矢沢流 Point!

白髪ネギとレタスは冷水に少しの間浸してシャキっとさせておくといいですよ。

すき焼き

491 kcal

調理時間 約15分

パパッとできて、野菜も同時にとれるから栄養のバランスもよい人気メニュー。
お砂糖少なめでも充分満足できるタレをご紹介します。

材料：2人分

牛肉（すきやき用薄切り肉）：200g
長ねぎ：1本
焼き豆腐：1/2丁
しらたき：1玉
しいたけ：2枚
春菊：150g
生卵：2個
サラダ油：大さじ1
飾り用（麩、にんじん型抜き）

割り下

- しょうゆ：大さじ1と1/2
- 砂糖：大さじ1
- 水：大さじ1
- みりん：大さじ1

作り方

① 長ねぎは斜め切り、しらたきは熱湯で5分茹で水気を切って食べやすく切る。春菊は葉とやわらかい茎を摘み取る。しいたけは石突きを取り、表面に切り込みを入れる。焼き豆腐は2cm厚の角切りにする。

② 小鍋に割り下の材料を入れ、火にかける。砂糖が溶けたら火からおろして冷ます。

③ すき焼き鍋を強火にかけ、サラダ油を熱して牛肉を焼き、割り下を小量かけ味を絡める。

④ しらたきを加えてからめ、残りの材料を加える。

⑤ 器に盛り、溶き卵を添える。

天沢流！Point!

割り下は一度にたくさん入れず、適量ずつ加えてからめながら焼くことが大切。汁が煮詰まってきたら、だしまたは酒で薄める。

シーフードカレー

トマトと玉ねぎはしっかり炒めて自然な甘さを引き出しましょう。
魚介のおいしさがさらにアップします。

413 kcal

調理時間 約10分

材料：2人分

冷凍シーフード：170g
玉ねぎ：2個
トマト：1個
にんにく：1片
しょうが：1片
サラダ油：大さじ2
トマトピューレ：100ml
水：200ml
市販のカレールー：50g

作り方：

① 冷凍シーフードは解凍して水気をふき取り、少し削ったカレールーと塩でもみ込む。玉ねぎはみじん切り。にんにく、しょうがはおろす。トマトはさいの目に切る。

② 鍋にサラダ油を熱し、玉ねぎを薄いきつね色になるまで炒め、トマト、トマトピューレ、にんにく、しょうがを加えて軽く炒める。

③ シーフードを加えて、色が変わってきたら水を加えて煮立ったらカレールーを入れ、さらに5～7分煮る。最後に塩で味を調える。

矢沢流 Point!

シーフードは短時間で煮るのがコツ。トマトをたくさん使うとよりフレッシュになります。

ポトフ

電子レンジを使うから簡単で、野菜もすぐにホクホク。
忙しい日のお助けレシピです。

227 kcal

調理時間 約15分

材料：2人分

じゃがいも：1個
にんじん：1本
玉ねぎ：1/2個
固形コンソメスープの素：1個
ソーセージ：4本
ローリエ：1枚
塩・コショウ：各少々

作り方：

① 野菜は皮をむき、ひと口大の乱切りにする。耐熱容器に野菜を並べて、電子レンジ強（600w）で約3分加熱する。

② 深鍋に「1」を入れ、水を野菜がかぶるぐらい注ぎ、コンソメスープの素、ローリエを入れて強火にかける。沸騰したらアクを取り、弱火にして、ソーセージを加えて約7分煮る。塩、コショウで味を調える。

矢沢流！Point!

アッという間に出来上がり！ソーセージのうま味が染みておいしいですよ。

第 2 章

たっぷり野菜で毎日ヘルシー！

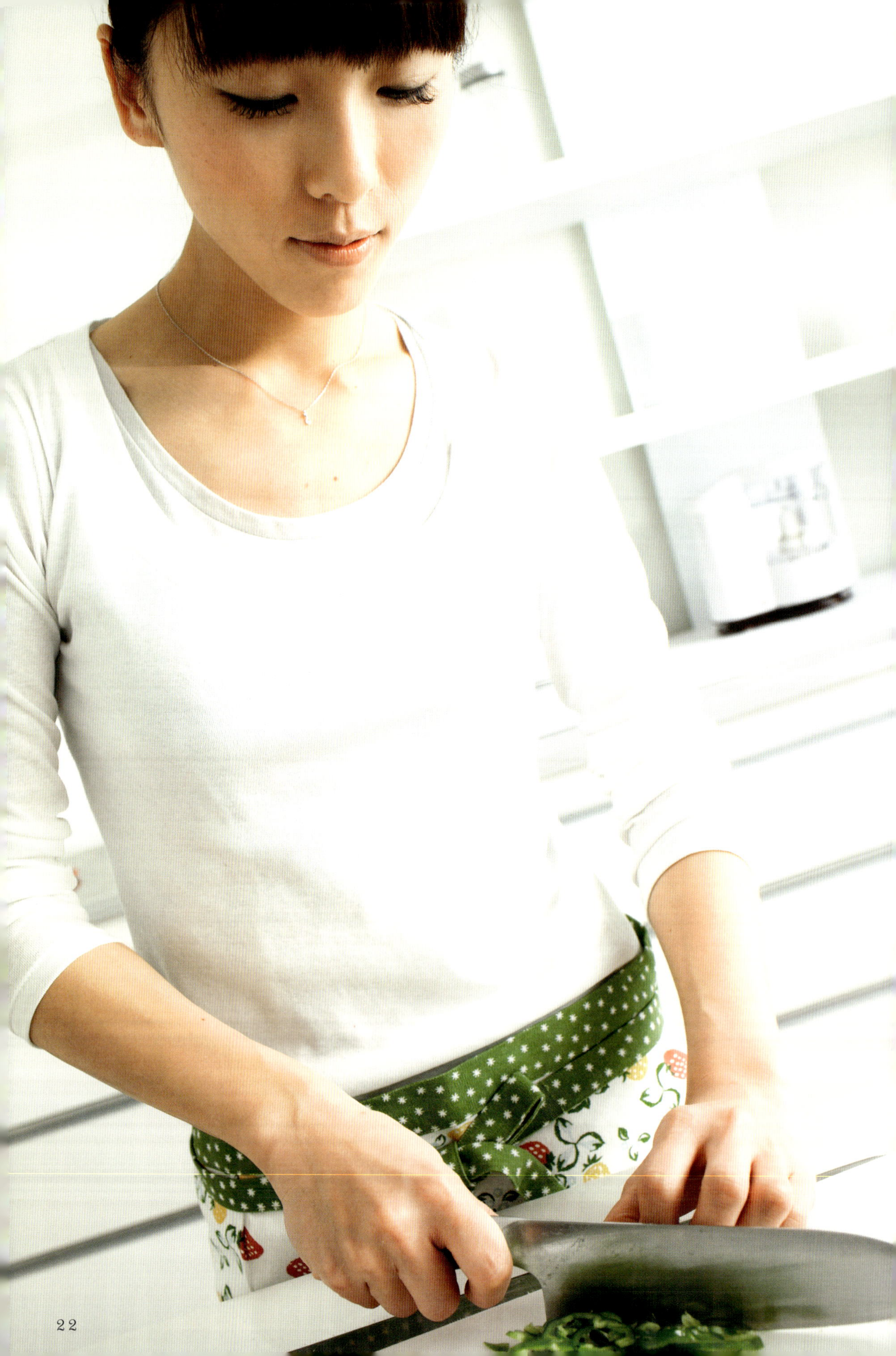

野菜料理の基本

◇ 矢沢流 キャベツのおとし蓋

まるごと購入したキャベツの一番上の部分。普通は捨ててしまいますが、その部分をおとし蓋として利用します。アクの出る野菜や肉を茹でる時、これを利用するとキャベツにアクが付くので、アク取りの手間が省けます。

◇ 野菜の切り方

輪切り
切り口が丸くなるものに直角に包丁を入れて輪状に切ります。

せん切り
4~5cmの長さに切ったものを繊維に沿ってさらに細く切ります。

みじん切り
細かくせん切りしたものをさらに細かく切ります。

面とり
乱切りや輪切りしたものを切り口の角を薄く削り取って丸みをつけます。煮くずれするのを防ぐことができます。

乱切り
にんじんなどを手前に回しながら、斜めに包丁を入れていきます。切り口が多くなるので味がしみ込みやすく、煮物などに最適です。

◇ 野菜の下茹で

煮ものなどを作る場合は、それぞれの野菜に火が通る時間に違いがあります。火が通りにくい野菜から、あらかじめ下茹でしておくといいでしょう。根菜などを中心にアクがでるものも下茹でしておくとおいしく仕上がります。

我が家のタレ！

野菜や鶏肉、豚肉など何にでも合います。

しょうゆと酢、砂糖、ごま油を1:1:1:1の割合で混ぜ合わせます。長ねぎ、おろししょうが、白ごまはお好みの分量を加えます。

清潔な密閉瓶に入れて冷蔵庫で保存します。1週間ほど持ちます。野菜料理や肉料理などにサッと取り出して簡単に使えます。

材料：

長ねぎのみじん切り	酢
おろししょうが	砂糖
白ごま	ごま油
しょうゆ	

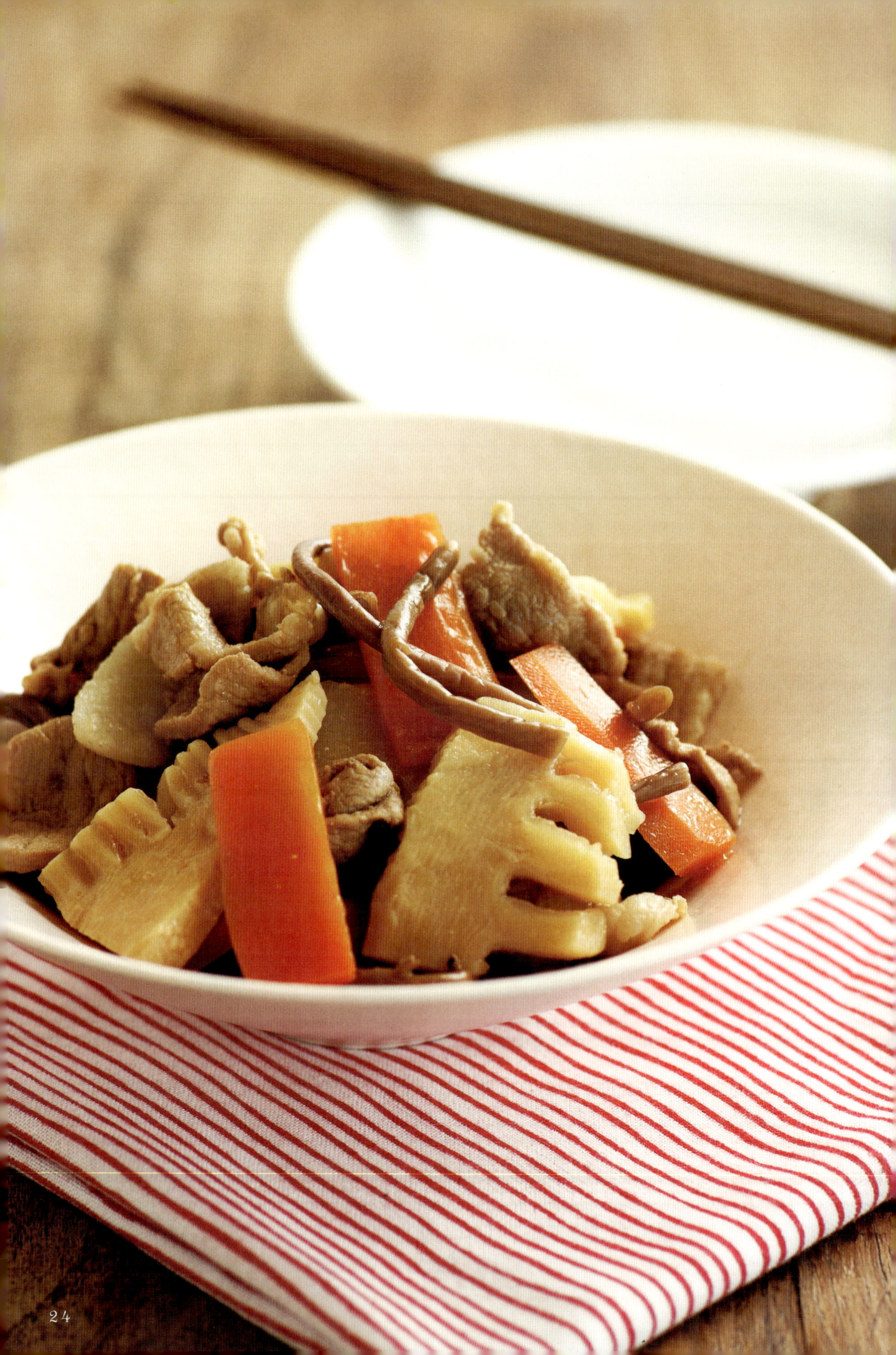

豚肉と山の幸の田舎煮

とっても簡単なので、ぜひマスターしてほしいレシピ。
ハチミツの甘さがコクとまろやかさを両立させてくれます。

392 kcal

調理時間 約20分

材料：2個分

豚モモ薄切り：200g
水煮ぜんまい：100g
水煮竹の子：1/2 個
にんじん：1/3 本
だし汁：400ml
酒：大さじ 2
ハチミツ：大さじ 1
しょうゆ：大さじ 1 と 1/2
ごま油：大さじ 2

作り方：

1. 豚肉は 2~3cm 幅に切る。にんじん、竹の子は短冊に切る。ぜんまいは 5~6cm の長さに切る。
2. 鍋にごま油を熱し、豚肉を炒める。肉の色が変わってきたら、にんじん、竹の子、ぜんまいの順に炒める。
3. 全体に油が回ったら、だし汁を注ぐ。煮立ってきたらアクをすくい、ハチミツ、酒、しょうゆを加えて味を調える。弱火で 7~8 分煮る。

豚肉、にんじん、竹の子、ぜんまいをそれぞれ切り、トレイなどに並べておきましょう。

ハチミツを用意します。砂糖の代わりにハチミツを使うところがポイントです。

煮立ち、アクを取ったらハチミツを加えます。しょうゆと一緒に味を調整していきましょう。

矢沢流 Point!
砂糖の代わりにハチミツを使うことで、まろやかな甘さに仕上がります。

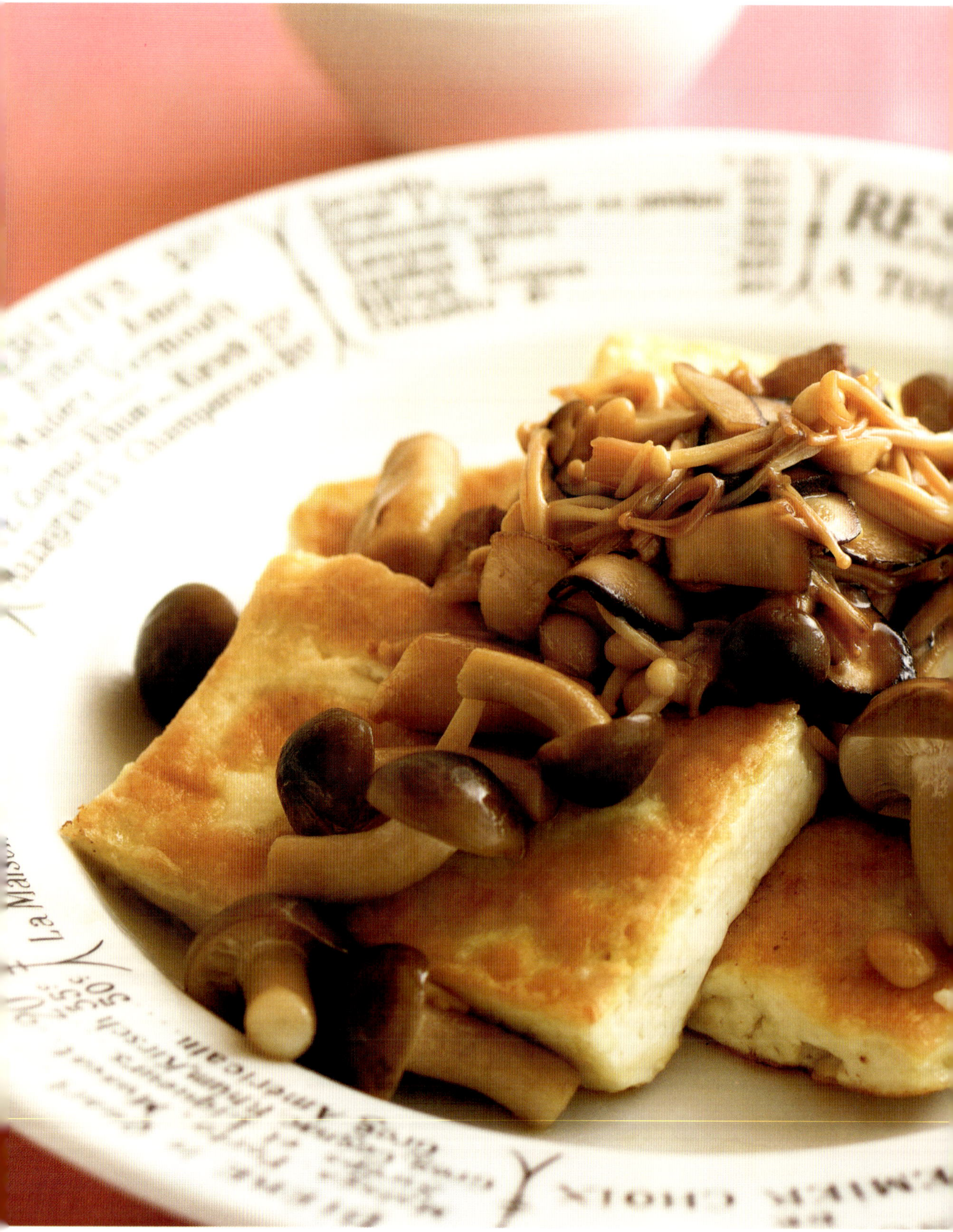

きのこたっぷり豆腐ステーキ

ヘルシー食材の定番、豆腐ときのこがたっぷり。
しょうゆ風味のきのこタレは、バターを加えてリッチ感をプラス。

材料：2個分

254 kcal

調理時間 約50分

綿豆腐：1丁
小麦粉：適量
オリーブ油：大さじ1

きのこタレ
- しいたけ：2枚
- エノキ：1/2パック
- しめじ：1/2パック
- バター：10g
- しょうゆ：大さじ1
- 酒：大さじ1
- 塩・コショウ：各少々

作り方：

1. 豆腐はフキンで包んで軽い重石をして20〜30分おいて水気を切り、半分の厚さにして、さらにそれを半分に切り4等分にする。しいたけは石突きを取り、薄くスライスする。エノキとしめじは石突きを切り落とし、ほぐす。
2. 「1」の豆腐に小麦粉をまぶし、余分な粉を落とす。
3. フライパンにオリーブ油を入れて中火で熱し、豆腐を色よく焼く。
4. 別のフライパンにバターを入れ、きのこを炒める。酒をふり、しょうゆ、塩、コショウで味を調える。
5. 器に豆腐ステーキを盛り、きのこタレをかける。

豆腐は半分に切ったものをさらに半分にして4等分します。ひとつをなるべく薄くしましょう。

小麦粉をまぶした豆腐を、フライパンにオリーブ油を入れ、表面にこげめがつくまで焼きます。

バターできのこを炒めて、しょうゆ、酒、塩、コショウで味を調えてタレを作ります。

矢沢流 Point!

小麦粉を使うことで香ばしくなります。きのこタレとの相性もバツグンです。

根菜甘酢和え

保存がきくので、まとめて作っておくと便利。
さっぱりしているので、箸休めの定番におすすめです。

56 kcal

調理時間 約40分

材料：2人分

大根：10cm
にんじん：1/2本
塩：少々

甘酢
- 酢：65ml
- 塩：小さじ1/5
- 砂糖：大さじ2
- 和だし：大さじ1

作り方：

1. 大根とにんじんは2mm厚にスライスして型で抜く。塩少々（分量外）をふり軽く混ぜ合わせ、しんなりしてきたら水気を絞る。

2. 甘酢は砂糖が溶けるまで混ぜ合わせておき、「1」を入れ、漬ける。30分ぐらいおく。

矢沢流 Point!
大根の代わりに、れんこん、かぶなどを使ってもいいですよ。

イカのトマト煮

調理時間はわずか10分。すりおろしたレモンの皮を加えれば、
本格イタリアン顔負けのできばえ！

260 kcal
調理時間 約10分

材料：2人分

するめイカなどの胴：1杯
黄パプリカ：1/2個
玉ねぎ：1個
塩・粗引きコショウ：各少々
オリーブ油：大さじ2
白ワイン：50ml
にんにく：1片
ホールトマト缶：1缶（400g）
レモンの皮：適宜

作り方：

1. イカは胴の中をきれいに洗い、水気を切って2cm幅に切る。玉ねぎとにんにくは皮をむいておろす。黄パプリカはヘタと種を取り除き、5mm幅のせん切りにする。

2. 鍋にオリーブ油大さじ1とイカを入れて強火で炒める。すぐに白ワインを加えて、沸騰したらイカを取り出す。

3. 「2」の鍋にオリーブ油大さじ1を加えて、玉ねぎ、にんにくを素早く炒める。ホールトマト缶を注ぎ、弱火で5分煮る。

4. イカを戻して黄パプリカを加え、塩、コショウで味を調える。器に盛り、おろしたレモンの皮をかける。

矢沢流 Point!

冷凍イカを使えば、もっと手早く本格イタリアンが手軽に作れますよ。

かぼちゃ煮

182 kcal
調理時間 約20分

かぼちゃ本来の味をいかしたシンプルな煮ものは、
できたてはもちろん、冷まして味が染み込んだものもまた格別。

材料：2人分

かぼちゃ：300g

調味料
- 砂糖：大さじ1
- みりん：大さじ1
- しょうゆ：大さじ1
- 塩：小さじ1/2

作り方：

① かぼちゃは種とわたを取り除き、大きめ目のひと口大に切り、皮を所々をむいて面取りする。

② 「1」を入れ水をひたひたに注ぎ、落し蓋をして中火にかける。

③ 煮立ったら弱火にして、やわらかくなるまで約7分煮る。調味料を加え、さらに約5分煮る。

矢沢流 Point!
かぼちゃをつぶしてハッシュ状にしてもおいしく食べられますよ。

紫玉ねぎとトマトのカルパッチョ

いつものお刺身をアレンジしたレモン風味のサラダ。
メニューに一皿プラスすると、食事がランクアップします。

197 kcal

調理時間 約35分

材料：2人分

茹でタコの足：2本
紫玉ねぎ：1/2個
トマト：1個
オリーブ油：大さじ1
塩・粗引きコショウ：各少々

作り方：

1. 茹でタコは薄くそぎ切りにする。

2. 紫玉ねぎは薄くスライスして水に放し、辛みが抜けたらキッチンペーパーなどでしっかりと水気を切る。トマトは薄くスライスする。器は冷蔵庫で冷やしておく。

3. 器に紫玉ねぎを敷き、上にトマトのスライスをまんべんなくのせる。タコを平らに並べて、全体にオリーブ油、塩、コショウをかける。そのまま冷蔵庫で30分冷やす。

矢沢流 Point!

タコの代わりに鯛や平目のお刺身などを使ってみるのもいいですよ。

126 kcal　調理時間 約 **5** 分

とろろ昆布風味の即席サラダ

とりあえずの一品は、早く出来上がるうえ、
凝ったようにみえるレシピが大活躍します。

材料：2人分

絹豆腐：1丁	ドレッシング
プチトマト：4個	しょうゆ：大さじ1
レタス：2枚	酢：大さじ1
みょうが：1本	みりん：小さじ1/2
大葉：4枚	ごま油：小さじ1
柴漬け：少々	とろろ昆布：少々

作り方：

① プチトマトはヘタを取りスライスする。レタスは食べやすい大きさに手でちぎる。みょうがは千切りに、柴漬けはみじんに切る。ドレッシングは混ぜ合わせておく。

② 器にレタスを敷き、食べやすい大きさに切った豆腐をのせる。

③ 残りの野菜と柴漬けを上にのせ、ドレッシングをかける。

矢沢流！Point!
わかめやカニかま、コーンなどを加えてもGood。

---

224 kcal　調理時間 約 **20** 分

豆とじゃがいものポテトサラダ

お豆の風味がやさしく口に広がり、
彩りもとてもきれい。

材料：2人分

じゃがいも：2個
グリーンピース：50g
塩・コショウ：少々
マヨネーズ：大さじ3

作り方：

① じゃがいもは皮をむき、4等分に切る。鍋に水を入れて、じゃがいもがやわらかくなるまで塩茹でする。

② グリーンピースは、水から塩茹でしてそのまま冷ます。

③ ボウルに、じゃがいもを熱いうちにスプーンでつぶし、グリーンピース半分も一緒につぶす。

④ マヨネーズ、塩、コショウで味を調えて、残りのグリーンピースを混ぜ合わせる。

矢沢流！Point!
グリーンピースの代わりにえだ豆やそら豆でもおいしくできます。

五目煮

干ししいたけと昆布のだしを味わいたいからあえて薄味に。
食物繊維やビタミンがいっぱいなのでたくさん食べてほしい。

206 kcal

調理時間 約40分

材料：2人分

- 水煮大豆：1カップ
- ごぼう：1/2本
- 焼きちくわ：1/2本
- にんじん：1/2本
- 干ししいたけ：4枚
- こんにゃく：1/2枚
- 昆布：15cm
- 水：500ml
- しょうゆ：大さじ2
- みりん：小さじ1
- 砂糖：大さじ1

作り方：

1. 干ししいたけはもどして、1cm角切りにする。昆布はぬれぶさんでふいて、はさみで小さく切る。ごぼう、にんじんは小さめの乱切りにする。ごぼうは水にさらして、にんじんと一緒にさっと茹でる。

2. こんにゃくは小さな角切りにして、さっと茹で、焼きちくわは縦半分に切ってから、半月に切る。

3. 鍋に大豆、しいたけ、昆布、ごぼう、にんじん、こんにゃく、ちくわを加え、水を注ぎ強火で煮る。煮立ったらアクを取り、弱火にして砂糖を加え約10分煮る。

4. しょうゆを加えて、さらに5~6分煮る。仕上がりにみりんを加える。

矢沢流 Point!

一度にたくさん作っておけば、いつでも食べられる保存食に。

キャベツと小松菜の塩昆布浅漬け

短時間で漬かる浅漬けは、晩ごはんにも充分間に合ううれしい副菜。
キャベツの歯ごたえが残る程度で取り出して。

19 kcal
調理時間 約35分

材料：2人分

キャベツ：2枚
小松菜：1/5束
塩昆布：ひとつまみ

作り方：

1. キャベツはざく切り、小松菜は4cm幅に切る。
2. ビニール袋に野菜と塩昆布を入れてもむ。
3. 冷蔵庫で30分おく。

矢沢流 Point!

大根やなすなど、いろんなあまり野菜で作ってみてください。

みょうが風味のサラダ

少し苦みのあるスプラウトを甘めのタレにしっかり絡めて
食べやすく仕上げました。

215 kcal

調理時間 約 2 分

材料：2人分

スプラウト：1パック
しらす：大さじ1
みょうが：1個
砂糖：小さじ1
しょうゆ：小さじ1

作り方：

1. スプラウトは根を切り落とす。みょうがは千切りにする。
2. ボウルに、スプラウト、みょうが、しらす、砂糖、しょうゆを入れて混ぜ合わせる。

矢沢流 Point!

あと1品ほしい時などに便利です。お酒のおつまみとしてもどうぞ。

カリフラワーの タルタルソースがけ

手作りのタルタルソースは市販のものと違い、
やさしくて飽きのこない味が魅力。多めに作ってストックしておきましょう。

215 kcal

調理時間 約20分

材料：2人分

カリフラワー：1個
卵：2個
ピクルス：中2本
アンチョビー：2枚
塩・コショウ：各少々
玉ねぎ：1/4個
マヨネーズ：大さじ4

作り方：

1. 卵はゆで卵を作り、粗く刻む。ピクルス、アンチョビーもみじんに切る。玉ねぎはみじんに切り、水にさらす。辛みが抜けたら水気をしっかりと切る。
2. 「1」を混ぜ合わせ、塩、コショウ、マヨネーズで味を調える。
3. カリフラワーは小房に分け、塩茹でする。
4. 器にカリフラワーをのせ、「2」のタルタルソースをたっぷりとかける。

矢沢流 Point!

カリフラワーは、まるごと1個使いましょう。細かく刻めばサンドイッチにも。

第 3 章

カロリーオフのおいしい肉料理

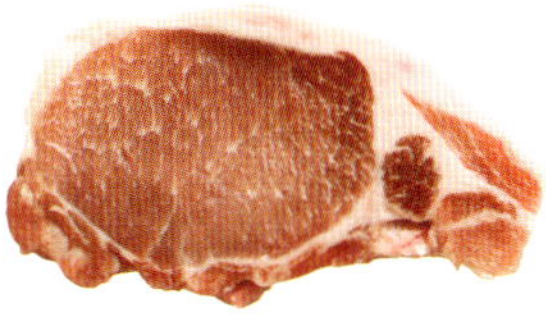

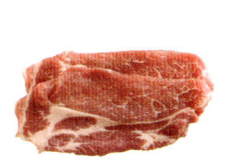

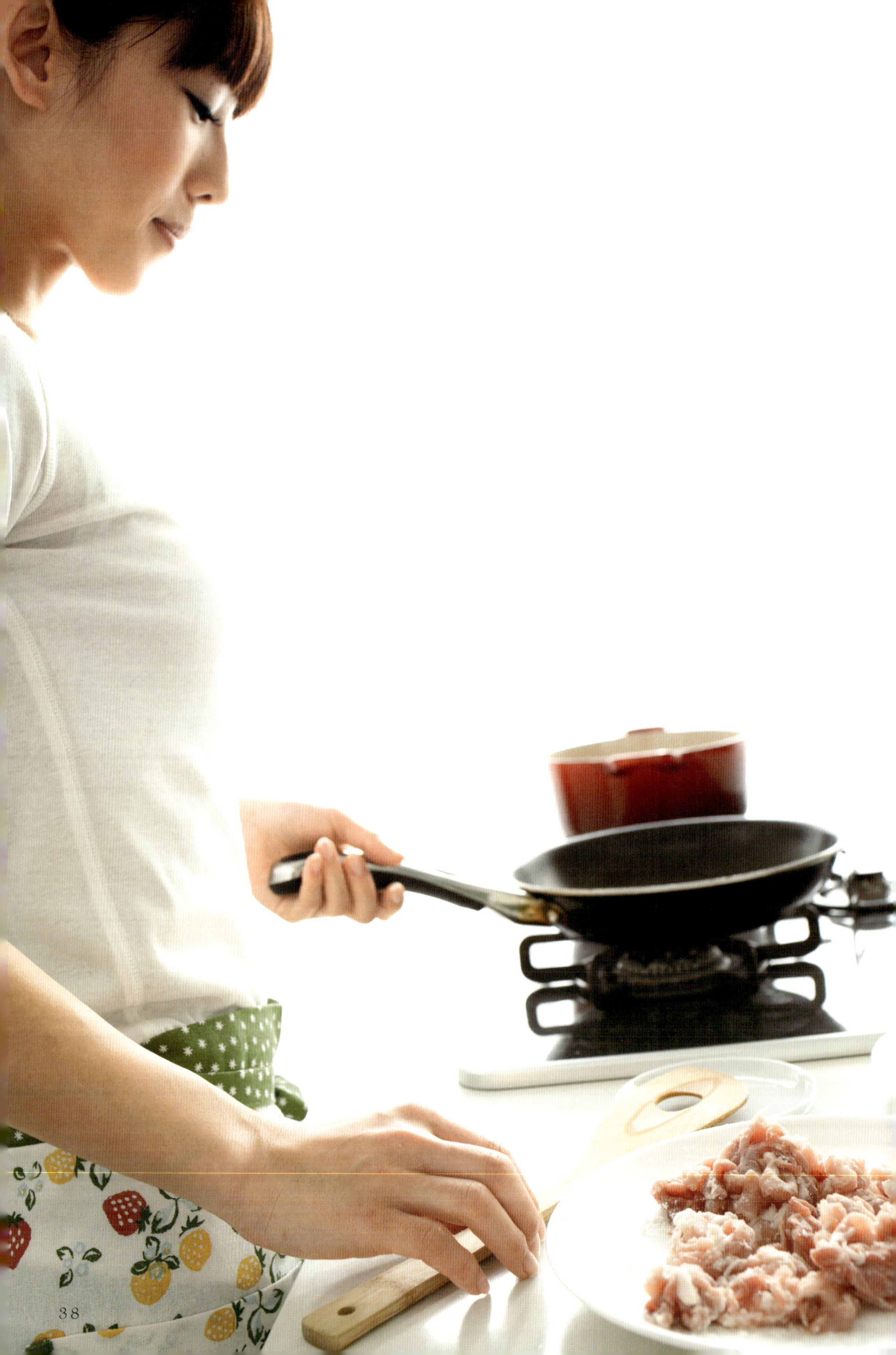

肉料理のカロリーオフ！ テクニック

◇ 肉の脂身を切る

ロース肉の脂身部分は、事前に切り落としておきます。焼いた時に余分な油がでないので、ヘルシーに仕上がります。

◇ 肉を直火で焼く

グリルなどを使って直火で鶏肉などを焼くと余分な脂肪を落とすことができます。味もさっぱりとヘルシーになります。

◇ 肉を茹でる

片栗粉をふって茹でることで、余分な脂肪を落とせるうえに、肉のうま味を閉じ込めることができます。

◇ 肉を蒸す

ささ身などは蒸すとおいしくいただけます。油を使わないうえに、蒸すことによって余分な脂肪を落とすことができます。

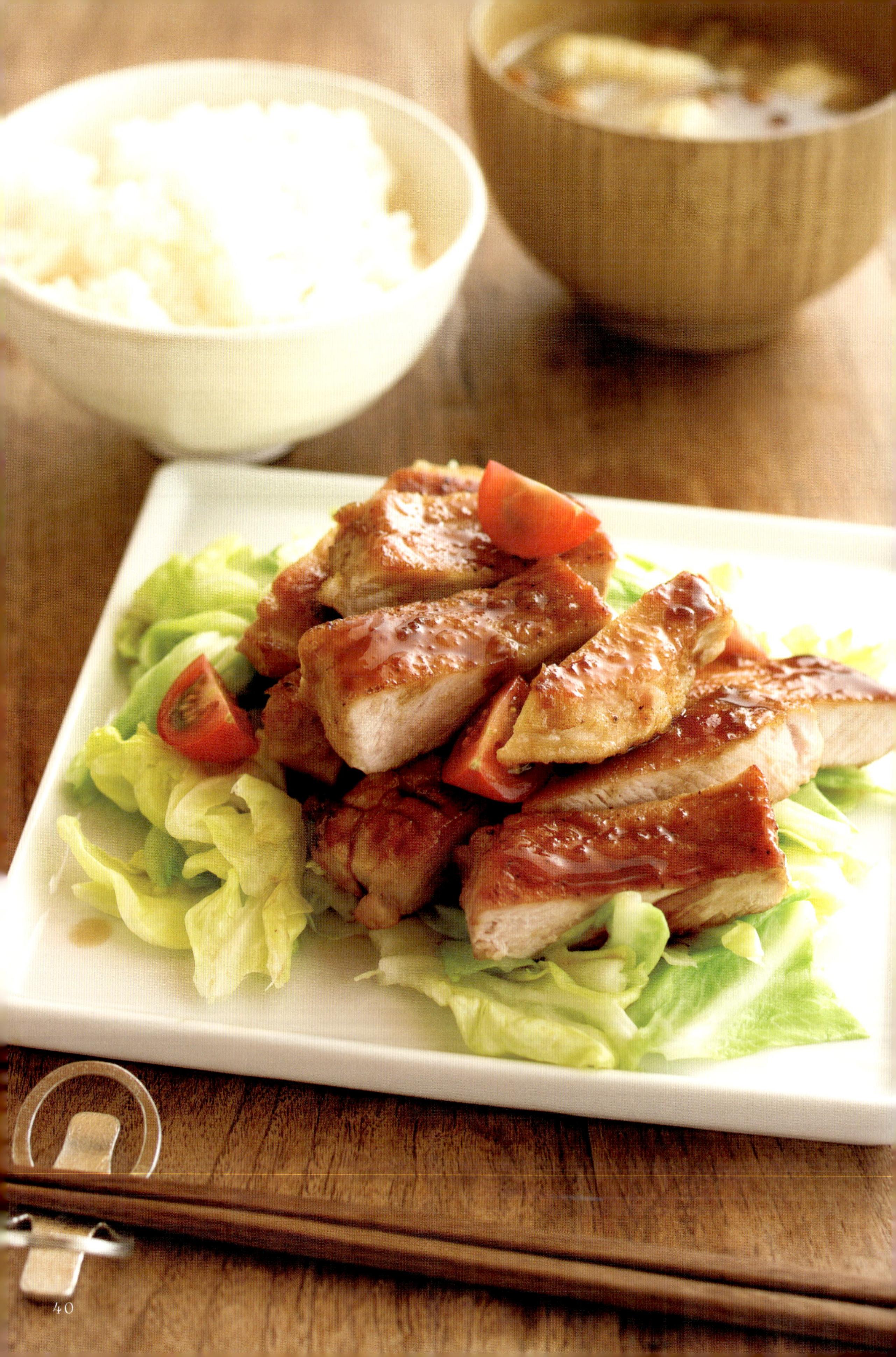

豚ロースの甘ダレ炒め

ごはんのおかずにピッタリの猛ダッシュでできるメインディッシュ。
キャベツを下に敷くことでタレがほどよく絡みます。

材料：2人分

豚ロース肉の厚切り：2枚
塩・コショウ：各少々
小麦粉：適量
オリーブ油：大さじ1
キャベツ：2枚

タレ
- 酒：大さじ2
- みりん：大さじ2
- しょうゆ：大さじ2

421 kcal

調理時間 約10分

作り方：

① キャベツはざく切りにして、耐熱容器にのせてラップをして電子レンジ強（600w）で約1分30秒加熱する。

② 豚肉は脂を切り落として、筋に切り込みを入れる。両面に塩、コショウをし、小麦粉をまぶして余分な粉を落とす。タレは混ぜ合わせておく。

③ フライパンにオリーブ油を熱し、豚肉を中強火で両面を焼く。焼きあがりにタレを回しかけ、タレが絡まれば火を止める。

④ 器にキャベツをのせ、「3」の豚肉をのせる。

耐熱容器にざく切りにしたキャベツを入れて、電子レンジで加熱します。

脂身を切り落とした豚肉に、小麦粉をまんべんなくまぶして、余分な粉を落とします。

肉が焼きあがったら、タレを回しかけて、よく肉と絡ませます。

矢沢流！Point!

蒸したキャベツと一緒に食べると、さっぱりヘルシーですよ。

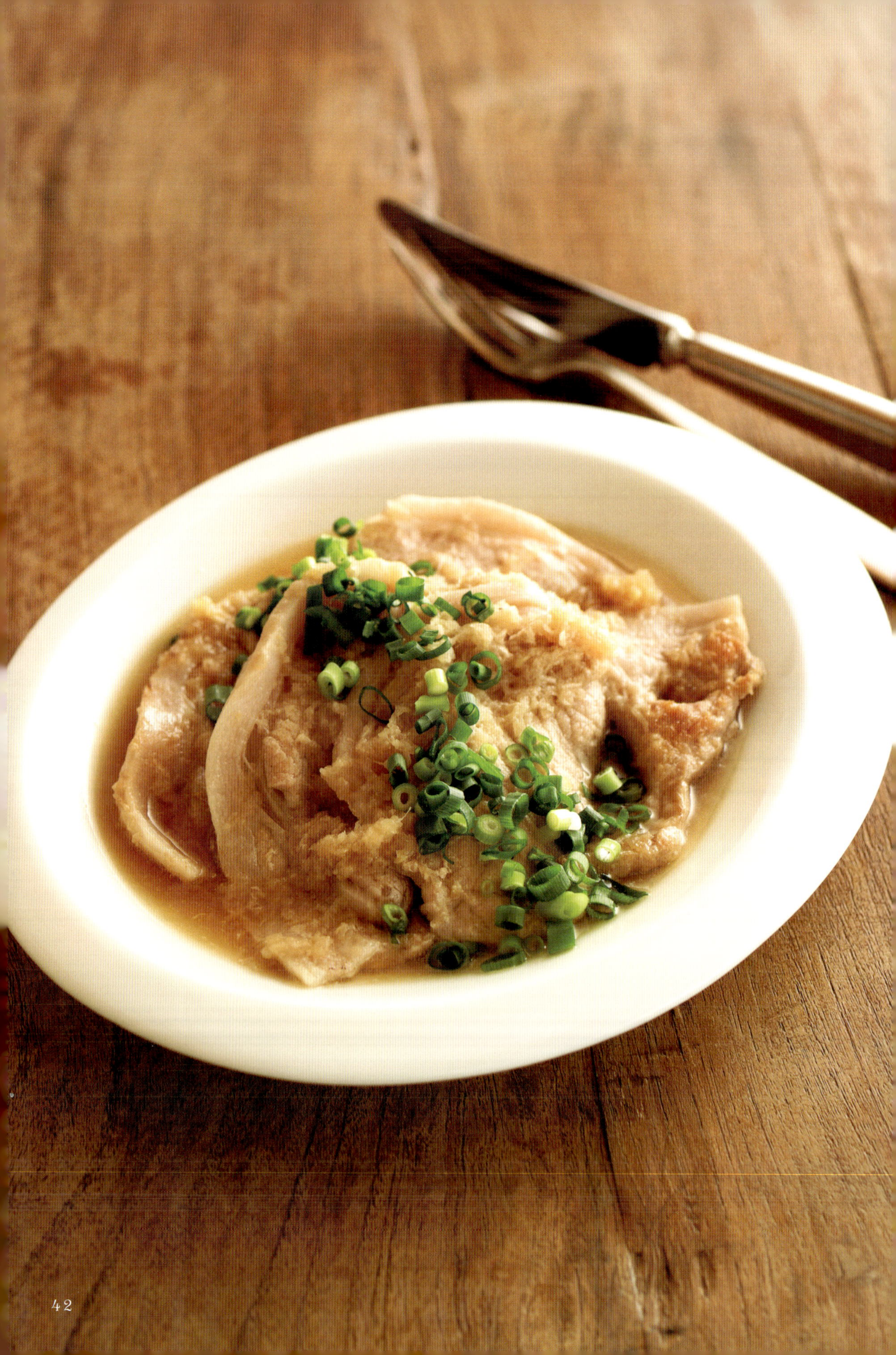

豚肉のみぞれ煮

みずみずしい大根が手に入ったら、
豚肉の旨みを包んでくれるこんな料理にトライしてほしい。

材料：2人分

大根：10cm
豚肉（しょうが焼き用）：200g
ごま油：大さじ1
かつおだし汁：200ml

漬けダレ
- 酒：大さじ1
- しょうゆ：大さじ2
- おろししょうが：小さじ1

369 kcal

調理時間 約10分

作り方：

1. 大根は皮をむき、おろす。ざるに空け、軽く水気を切る。
2. 豚肉を漬けダレに漬けて5分おく。
3. フライパンにごま油を熱し、豚肉を炒める。焼けたら取り出す。
4. 「3」に大根おろしとかつおだし汁、漬けダレの残りを加え、沸騰したら豚肉を戻して中火で約2分ほど煮る。

大根おろしは、ざるに入れて軽く水分を切っておきます。

豚肉は、漬けダレに5分ほど漬け込んでおきます。

肉が焼きあがったら、大根おろしとかつおだし汁、漬けダレの残りを入れて煮込みます。

矢沢流！Point!

大根おろしの残り汁はお味噌汁に入れると無駄なく使えます。（P14参照）

鶏手羽の根菜煮

315 kcal

調理時間 約 20 分

味が凝縮している鶏手羽を使えば、
何時間も煮込んだような深い味わいが短時間で出来上がります。

材料：2人分

大根：10cm
にんじん：1/2本
鶏手羽先：4本
かつおだし汁：600ml
あさつき：1本

調味料

- 薄口しょうゆ：100ml
- 酒：大さじ1
- 酢：大さじ2
- 砂糖：大さじ4
- みりん：大さじ1
- 塩：大さじ1/2

作り方：

1. 大根とにんじんは皮をむき、たんざくに切る。あさつきは小口に切る。
2. 鍋に「1」と鶏手羽先、かつおだし汁を入れ、沸騰したら調味料を加えて、おとし蓋をして中火で15分煮る。

矢沢流 Point!

骨付のモモ肉など骨付の肉を使えば、だしがしっかり出ておいしい。

豚肉と玉ねぎの冷製

ゆでた豚肉は低カロリーかつ疲労回復にも効果抜群。
紫玉ねぎで彩りにも気を配れば、食卓がぐっと華やかになります。

252 kcal

調理時間 約10分

材料：2人分

豚肉（しゃぶしゃぶ用薄切り肉）：200g
酒：大さじ1
紫玉ねぎ：1/2個
大葉：4枚

ドレッシング
- 酒：小さじ1
- しょうゆ：大さじ1
- 酢：大さじ1
- 砂糖：小さじ2
- ごま油：小さじ1
- おろししょうが：小さじ1/2

作り方：

① 玉ねぎは皮をむき、薄くスライスして水にさらして辛味をぬく。キッチンペーパーで水気をしっかりととる。ドレッシングの材料は混ぜ合わせておく。

② たっぷりの湯を沸かし、酒を入れて豚肉を広げながらさっと茹でる。氷水に漬けて手早く取り出し、キッチンペーパーで水気を取る。

③ 器に玉ねぎと豚肉を盛る。ドレッシングを回しかけて、千切りにした大葉を散らす。

矢沢流 Point!

暑い季節にさっぱり食べられて、スタミナもつきますよ。

牛すじ煮込み

やわらかく煮込んだとろとろの牛すじと、
タカノツメのピリッとした辛さがクセになる一品です。

393 kcal

調理時間 約110分

材料：2人分

- 牛すじ：400g
- 長ねぎ（青い部分）：1本分
- しょうが スライス：1枚
- にんじん：1/2本
- こんにゃく：1/2枚
- 和だし汁：600ml
- タカノツメ：1本
- ごま油：小さじ1/2
- 長ねぎ：5cm

調味料

- しょうゆ：大さじ3
- みりん：大さじ1
- 酒：大さじ2

作り方：

1. 牛すじは食べやすい大きさに切り、深鍋に入れてひたひたに水を注ぐ。長ねぎの青い部分としょうがのスライスを入れて強火にかける。沸騰したらアクを取り、弱火にして約1時間30分煮る。

2. にんじんは皮をむいて縦半分に切り、半月切りにする。こんにゃくは5分ほど茹で、5mmぐらいの棒切りにする。

3. 別の鍋にだし汁、牛すじ、「2」、タカノツメを入れる。沸騰したら弱火にして、調味料を加えて野菜に火が通るまで10分ほど煮る。

4. 器に盛り、小口に切ったねぎをのせる。

矢沢流 Point!

弱火でじっくりと煮込んでください。わたしは、牛すじの代わりに馬すじを使ってます。

豚肉と山いものレモン風味焼き

ダイエット中でもお肉が食べたい時は、
脂肪分の少ない部位をチョイスして野菜と一緒に食べましょう。

436 kcal

調理時間 約 8 分

材料：2人分

豚肉（薄切り肉）：200g
山いも：15cm
レモン：1/2個
塩・コショウ：各少々
オリーブ油：大さじ1
にんにく：1片

作り方：

① にんにくは皮をむき半分に切る。山いもは皮をむいて、ひと口大に乱切りする。

② フライパンにオリーブ油とにんにくを熱し、香りが出てきたら豚肉と山いもを加えて炒める。

③ 肉に火が取ったら、レモンをぎゅっと絞り塩、コショウで味を調える。

矢沢流 Point!

山いもを大きめに切って、弱火で炒めると香ばしくシャキシャキとしますよ。

ささ身とピーマンのマリネ

ささ身は蒸すことでおどろくほど旨みが増します。
旬の野菜を取り入れれば、またひと味違ったおいしさに出会えます。

102 kcal

調理時間 約 10 分

材料：2人分

ささ身：3本
パプリカ：赤・黄を各1/3個
塩・コショウ：少々
酒：大さじ1
オリーブ油：小さじ1
レモン汁：小さじ1/2

作り方：

1. 耐熱容器にささ身と刻んだパプリカをのせて、塩、コショウ、酒をふる。
2. 「1」を蒸し器に入れ、弱火にして約8分蒸す。
3. ささ身をほぐして器にのせ、その上にパプリカをのせる。オリーブ油とレモン汁を回しかける。

矢沢流 Point!

ささ身に味が染み込んで、冷めてもおいしい。

豚肉とたっぷり野菜のスチーム

331 kcal

調理時間 約10分

コツはいりません。豚肉の旨みを野菜に吸わせるだけ。
最も単純で、最も簡単に味わえる最強レシピです。

材料：2人分

豚肩ロースの厚切り：2枚
キャベツ：1/4個
ラディッシュ：4個
長ねぎ：1本
アスパラ：2本
塩・コショウ：各少々

タレ

- おろししょうが：小さじ1
- オリーブ油：小さじ1
- しょうゆ：大さじ1
- レモン汁：小さじ1

作り方：

① 豚肉は両面に塩、コショウをする。
② 蒸し器に野菜を敷き、豚肉をのせて約7分蒸す。
③ タレを混ぜ合わせて漬けていただく。

矢沢流 Point!

たっぷりの野菜の上に豚肉をのせると、肉のうま汁が染み込みます。

ボイルレバーのソース漬け

気になるレバーの臭みはソースに漬けることで解消。
日に日に味が染みこむおいしい変化を堪能してほしい。

106 kcal

調理時間 約20分

材料：2人分

豚レバー（スライス）：100g
かいわれ：1パック
みょうが：2本
長ねぎ：10cm
酒：大さじ1
ウスターソース：適量

作り方：

① 豚肉は水に漬け、10分おく。鍋に湯を沸かし、酒を入れて豚肉を茹でる。肉に火が通ったら取り出して、水気を切り熱いうちにソースに浸す。

② 食べるときに、刻んだ香味野菜をのせる。

矢沢流 Point!

漬けてから3日くらいが、味が染みておいしい。

鶏肉のめんつゆ煮

340 kcal

調理時間 約20分

鶏肉がふっくら仕上がる失敗ナシのレシピです。
初心者はまずこれからトライして、手作りのよさを実感してほしい。

材料：2人分

鶏胸肉：1枚
めんつゆ：300ml
オリーブ油：大さじ1
片栗粉：大さじ1（同量の水で溶く）
エノキ：1本
しめじ：1/4パック
しいたけ：1枚
塩：少々

作り方：

1. 鶏肉は厚い部分に切り込みを入れて平らにする。両面に軽く塩をふる。
2. 鍋にめんつゆを沸かしておく。
3. フライパンにオリーブ油を敷き、強火で鶏肉の皮面を焼く。皮面に焼き色がついたら、裏に返しさっと焼く。
4. 「2」に「3」を入れ、弱火で1分たったら火を止めて蓋をして10分おく。
5. 鶏肉を取り出して器に盛る。めんつゆを沸かして水溶き片栗粉とスライスしたきのこ類を入れ、ひと煮立ちしたら火を止め、器にかける。

矢沢流 Point!

めんつゆのだしが鶏肉に染み込んで、コクのある味わいに仕上がります。

鶏手羽先のやわらかスープ

207 kcal
調理時間 約20分

しょうがの効果で肉がやわらかく仕上がります。
そのうえ胃腸の働きをよくしてくれるから、食欲のない日は特におすすめです。

材料：2人分

- 鶏手羽先：4本
- 大根：1/2本
- あさつき：1本
- しょうがスライス：2枚
- 鶏がらスープ：400ml
- しょうゆ：大さじ1
- 塩・粗引きコショウ：各少々

作り方：

1. 鍋に大きめの乱切りした大根、鶏がらスープ、しょうがスライスを入れて茹でる。沸騰したら中火にして手羽先を入れ、大根がやわらかくなったら、しょうゆ、塩、粗引きコショウで味を調える。

2. 器に盛り、小口に切ったあさつきをのせる。

矢沢流 Point!

ラーメンを入れても美味しくいただけますよ。

鶏肉のおろし和え

きゅうりを鬼おろしでおろしたアレンジ料理。
大根おろしの辛みがまろやかになり、新鮮な味わいです。

222 kcal

調理時間 約 10 分

材料：2人分

- 鶏胸肉：1枚
- 塩・コショウ：各少々
- 酒：大さじ1
- 大根：5cm
- きゅうり：1本
- みょうが：1本
- 薄口しょうゆ：小さじ1

作り方：

1. 鶏肉は両面に塩、コショウ、酒をふり、蒸し器で7分蒸す。そのまま冷まし、サイコロに切る。
2. 大根は鬼おろし器で粗くおろし（ふつうにおろしても）、軽くしぼる。きゅうりは塩ずりして洗い、鬼おろしでおろす。みょうがは千切りにする。
3. ボウルに、大根おろし、きゅうり、みょうがに薄口しょうゆを加えて混ぜ合わせる。
4. 器に鶏肉をのせ「3」を盛る。

矢沢流 Point!
大根やきゅうりは、鬼おろし器でおろすと歯ごたえがある食感になります。

Column

「基本的に食べたい物は我慢せず！
我慢はストレスになり、より空腹を誘います。
その時に何を口にするかが問題ですね」

朝 1日の始まりは高カロリーOK。朝は簡単なホットケーキや食パンが多いです。ジャムや卵などトッピングを変えれば毎日でも飽きません☺

昼 昼食は、焼き魚定食が多いです。朝が軽めの場合は肉定食でもOK。どんなにカロリーを摂取しても朝昼動けば消費します。個人的には、うどんが好きなのでひとりの時は、うどんを楽しんでます♪

スイーツ
フルーツが大好きなのでカットフルーツが多いです。アレンジなら、大好きな白玉にフルーツ盛りだくさんに、ソーダ水を入れたものや白玉あずきもOK。ヨーグルトが好きなのでジャムやカットフルーツを入れていただきます。ケーキやシュークリーム、エクレアもOK。

第4章

作りおき&冷凍・缶詰！活用レシピ

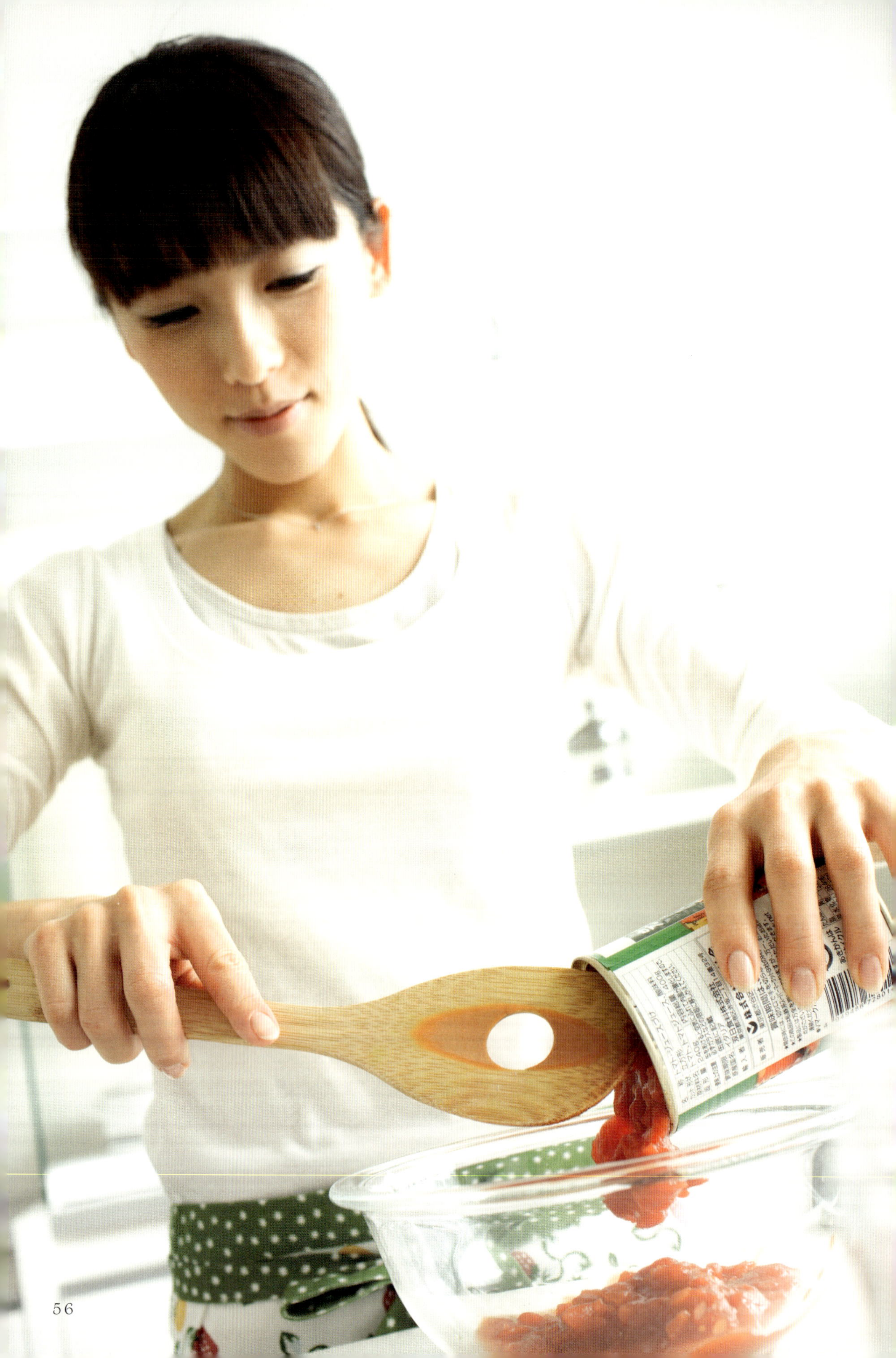

作りおき & 保存のテクニック

◇残った野菜を簡単浅漬けに

残ってしまったキャベツやきゅうりなどの野菜は、塩もみして簡単な浅漬けにしてみましょう。塩昆布やタカノツメ、にんにく、レモンを入れてもおいしく仕上がります。

◇残った野菜をピクルスに

残った野菜を茹でてから酢と砂糖で作った漬け汁に漬け込んでいきます。毎回、残った野菜を漬け込んでいけば、おいしいピクルスが完成します。清潔な保存瓶に入れて保存します。

◇肉はラップしてから保存

肉を冷蔵保存しておく場合は、ラップで包んでからジップロックなどに入れて保存します。空気に触れない分、少しだけ長持ちします。表面の記入欄に必ず、肉の種類と保存した日付を書いておきましょう。

◇冷凍したハンバーグは自然解凍

冷凍保存したハンバーグは、自然解凍しましょう。レンジなどで解凍すると、肉のうま味が流れでてしまう場合があります。自然解凍することで、焼き上がりもジューシーになります。

シーフードと野菜のチヂミ

じっくり焼いて、外はカリカリっと中はもちもちに。
ごま油の香ばしさが食欲をそそります。

679 kcal

調理時間 約20分

材料：2人分

冷凍シーフードミックス：240g
ニラ：50g
長ねぎ：1本
キムチのタレ：小さじ1
白ゴマ：小さじ1
ごま油：適量

タレ
- ポン酢：大さじ1
- コチジャン：小さじ1

チヂミの生地
- 小麦粉：120g
- 上新粉：120g
- 水：400ml
- 卵：1個

作り方：

1. 長ねぎは斜めにスライス。ニラは2cm幅に切る。

2. ボウルに、チヂミの生地を入れてよく混ぜ合わせる。シーフードミックス、キムチのタレ、ニラ、長ねぎ、白ゴマを加えて混ぜ合わせる。

3. フライパンにごま油を敷き、生地を薄く流し込んで焼く。表面がふつふつとしてきたら裏返し、周りにごま油をかけてカリカリにしながら裏面も焼く。

4. 食べやすい大きさの放射状に切り、器に盛る。タレは、ポン酢に好みの量のコチジャンを混ぜ合わせる。

矢沢流 Point!
キムチのタレを入れることで、シーフードのうま味が引き立ちます。

ホタテ缶煮

大根の葉を加えれば、缶詰とは思えないリッチな一品が
あっという間にできあがります。

71 kcal

調理時間 約 10 分

材料：2人分

ホタテの水煮缶：1缶（75g）
かつおだし汁：200ml
大根：5cm
大根の葉：少々

調味料
- 酒：大さじ1
- 塩：少々
- しょうゆ：小さじ1/2
- みりん：小さじ1/2

作り方：

1. 大根は皮をむき、たんざくに切る。大根の葉はみじん切りにする。

2. フライパンに、ホタテ缶（汁ごと）、大根、かつおだし汁、調味料を加えて中火にかける。大根が柔らかくなったら、味を見て火を止める。

3. 器に盛り、大根の葉を飾る。

矢沢流 Point!
ホタテをはぐして、おにぎりに入れてもおいしいですよ。

ホタテのオリーブオイルソテー

新鮮なホタテが手に入ったら、素材本来の味をストレートに味わうのが一番。よけいな味つけは御法度です。

113 kcal

調理時間 約 5 分

材料：2人分

ホタテ（刺身用）：4個
小麦粉：適量
塩・コショウ：各少々
オリーブ油：適量

作り方：

① ホタテは表面に塩、コショウをふり、小麦粉をふり余分な粉を落とす。

② フライパンにオリーブ油を熱し、ホタテの表面をさっと炒める。

③ ホタテを横にスライスして、器に盛る。

矢沢流 Point!
表面だけサッと火を通して、ミディアムレアなままでもいいですよ。

ホタテのかきたまスープ

片栗粉のとろみがいつまでも熱々を保って、
からだを芯から暖めてくれます。

155 kcal

調理時間 約7分

材料：2人分

ホタテの水煮缶：1缶（75g）
ニラ：3本
豆もやし：30g
卵：2個
鶏がらスープ：400ml
塩・コショウ：各少々
水溶き片栗粉：大さじ1

作り方：

1. ニラは2cm幅に切る。
2. 鍋に鶏がらスープを沸かす。ホタテ缶を汁ごと加え、再び沸騰したら溶き卵を流す。再び沸騰したら、塩、コショウで味を調えて、豆もやしとニラを入れ、水溶き片栗粉でとろみをつける。

矢沢流 Point!

お好みでラー油を入れてもおいしいですよ。

ほうれん草とコーンのバター炒め

109 kcal
調理時間 約10分

鉄分たっぷりのほうれん草は、コーンとバターのゴールデンコンビがおいしさをより引き出してくれます。

材料：2人分

粒コーン缶：100g
ほうれん草：1束
バター：10g
塩・コショウ：各少々

作り方：

1. ほうれん草は塩茹でして水に放ち、巻き簾などで水気を絞り、5cm幅に切る。
2. フライパンに、バターを熱してほうれん草と粒コーンを炒める。塩、コショウで味を調える。

天沢流 Point!
冷凍コーンを使えば、忙しい時に役立つスピード料理の定番。

さつまいものあずき煮

さつまいもは水から茹でた方がより甘みが増します。
小腹が空いた時やおやつにさっと出して舌つづみ。

417 kcal

調理時間 約 15 分

材料：2人分

さつまいも：約300g（中1本）
茹であずき缶（つぶあん）：200g
塩：ひとつまみ
しょうゆ：少々

作り方：

1. さつまいもはきれいに水洗いし、皮付きのまま2cm厚の輪切りにする。
2. 鍋にさつまいもとかぶるぐらいの水を注ぎ、火にかける。さつまいもに火が通ってきたら、あずきを加える。
3. 火を止める直前に、塩ひとつまみと、しょうゆ少々を加えて仕上げる。

矢沢流 Point!

しょうゆを少し入れることで、味が引き締まります。

もちもち肉団子

れんこんはわざと粗めのみじん切りにして、モチ米との食感を楽しんでもよい。
多めに作って冷凍しておくと便利です。

570 kcal

調理時間 約 20 分

材料：10個分

牛ひき肉：200g
しいたけ：1枚
キャベツ：1枚
長ねぎ：10cm
れんこん：1/4個
もち米：150g

調味料

- 酒：小さじ2
- しょうゆ：小さじ2
- 塩：小さじ1/4
- コショウ：少々
- 片栗粉：小さじ1
- ごま油：小さじ2
- しょうがのしぼり汁：小さじ1

作り方：

1. しいたけは石突きを切り落とし、みじんに切る。キャベツはみじんに切り、塩でもんでしっかりと水気を切る。長ねぎはみじんに切る。れんこんもみじんに切り、水につけてアクを抜きしっかりと水気を切る。

2. ボウルに牛ひき肉を入れ、調味料を加えて粘りが出るまでよく練る。

3. 「1」を加えてさらによく練り、団子に丸める。

4. もち米を2時間水に漬け、団子のまわりに付けて蒸し器を中火にし、約15分蒸す。

矢沢流 Point!

肉団子を冷凍保存する時は、もち米を付けないままで。

あさりとじゃがいものサラダ

サワークリームの酸味がアクセント。
あさりとの相性は抜群で、ちょとクセになる味です。

243 kcal

調理時間 約20分

材料：2人分

あさり缶：1缶（40g）
じゃがいも：2個
玉ねぎ：1/4個
マヨネーズ：大さじ1と1/2
サワークリーム：大さし3
塩・コショウ：各少々
刻みパセリ：少々

作り方：

① 玉ねぎはみじんに切り、水にさらす。辛みが抜けたらしっかりと水気を切っておく。

② じゃがいもは皮をむき、4等分に切る。鍋にじゃがいもを入れ、水をひたひたに注ぎ、塩少々を加えて水から茹でる。竹串を刺してすっと通るようになったら火からおろす。

③ 「2」をボウルに入れスプーンでじゃがいもをつぶし、汁気を切ったあさりと混ぜる。

④ 玉ねぎ、マヨネーズ、サワークリーム、塩・コショウ、刻みパセリを加えて混ぜ合わせる。

天沢流 Point!

じゃがいもはつぶさずにそのままでも食感が楽しい。

キャベツとツナサラダの
サンドイッチ

なかなか最後まで使いきれないキャベツも、
千切りにして水気を絞ればアレンジしやすい常備菜に。

523 kcal

調理時間 約10分

材料：2人分

ツナ缶：1缶（80g）
キャベツ：2枚
玉ねぎ：1/2個
酢：大さじ1
塩・コショウ：各少々
オリーブ油：小さじ1
食パン（6枚切り）：4枚
バター、マスタード：各適量

作り方：

1) キャベツは千切りにして塩をふり、水気が出てきたらしっかりとしぼる。玉ねぎはスライスして水にさらし、辛みが抜けたら水気を切る。

2) ボウルに、すべての材料を入れて混ぜ合わせる。

3) パンにバターとマスタードをぬり、「2」をパンでサンドする。

矢沢流 Point!
お酒との相性もバッチリ。白ワインなどでも。

ガルバンゾ豆とひき肉のコロッケ

お豆がたっぷり入るから、低カロリーなのに
びっくりするくらいのボリュームです。

697 kcal

調理時間 約20分

材料：2人分

ガルバンゾ豆の水煮缶：1/2カップ
玉ねぎ：1/5個
豚ひき肉：200g
パン粉：30g
牛乳：50ml
塩・コショウ：各少々
揚げ衣（小麦粉、溶き卵、パン粉 各適量）
揚げ油：適量

作り方：

1. ボウルにガルバンゾ豆を入れてスプーンでつぶす。パン粉は牛乳に浸す。玉ねぎはみじんに切り、フライパンに油を熱し(分量外)、透明になるまで炒めて冷やしておく。
2. ボウルに「1」と豚ひき肉、塩、コショウを加えて混ぜ合わせる。
3. 手に油を塗り俵型にまとめ、冷蔵庫で30分冷やす。
4. 小麦粉、卵、パン粉の順につけ、160度の油で揚げる。

矢沢流 Point!
衣を付けずにハンバーグにするもよし。冷凍保存にも最適です。

野菜の中華ピクルス

大きめに切ったカラフルな野菜を、中華風味の漬け汁にひたします。
サラダ感覚でたっぷり食べられます。

134 kcal

調理時間 約20分

材料：2人分

れんこん：1/2個
ごぼう：1本
かぶ：1個

漬け汁

- 中華スープ：200ml
- 酢：50ml
- 砂糖：大さじ1/2
- 酒：大さじ1
- しょうゆ：大さじ1
- 塩：小さじ1、
- タカノツメの小口切り：少々
- ごま油：大さじ1
- しょうがの千切り：小さじ1

作り方：

1. れんこんは乱切りにする。かぶは縦6等分に切る。ごぼうは乱切りにする。れんこんとごぼうはそれぞれ酢水にさっと漬ける。

2. 漬け汁の材料を混ぜ合わせて野菜が入るくらいの大きさの保存容器に入れる。

3. たっぷりの湯を沸かし、野菜をそれぞれ固めに茹でて熱いうちに「2」に入れる。冷めたら冷蔵庫で保存し、翌日からが食べごろに。

矢沢流 Point!
漬け汁が染み込んで、3日間くらいおいしく食べられます。

第5章

ササッと手軽に作る！もう1品

54 kcal 調理時間 約 **5** 分

なす蒸し

電子レンジでできる簡単蒸しなすに、
薬味をきかせたタレをたっぷりかけてひと味違った一皿に。

材料：2人分

なす：2本
長ねぎ：3cm
しょうが：1/2
しょうゆ：大さじ1
ごま油：小さじ1

作り方：

① なすの皮をむき、塩水に5分漬ける。ラップでくるみ、電子レンジ強（600w）で約2分30秒加熱する。

② 長ねぎとしょうがはみじん切りにし、しょうゆとごま油を混ぜ合わせる。

③ なすは手で3等分に裂き、器に盛る。

④ 「2」をかける。

天沢流 Point!
長ねぎとみょうがでさっぱりといただけます。

---

31 kcal 調理時間 約 **3** 分

キャベツ蒸し

とろろ昆布と小魚でからだに不足しがちな
カルシウムと食物繊維をプラス。

材料：2人分

キャベツ：3枚
しょうゆ：小さじ1
とろろ昆布：3g
ちりめんじゃこ：10g

作り方：

① キャベツは食べやすい大きさに手でちぎる。耐熱容器に入れラップをして、電子レンジ強（600w）で約1分30秒加熱する。

② キャベツが熱いうちにしょうゆをかけて和え、器に盛る。

③ とろろ昆布とちりめんじゃこをのせる。

天沢流 Point!
熱いうちにしょうゆをかけて味を染み込ませましょう。

カニかまの海苔巻き

中途半端なごはんのあまりは、
おにぎり感覚の海苔巻きでオシャレにランクアップ。

230 kcal

調理時間 約 5 分

材料 : 2人分

板海苔 : 1枚
ごはん : 1杯分
カニかま : 3本
マヨネーズ : 大さじ2
レタス : 1枚

作り方 :

① 板海苔にごはんを敷き、カニかまとレタスをのせる。

② マヨネーズをかけて巻けば完成。

矢沢流 Point!
マヨネーズはからしマヨネーズにしてもOK。わさびを入れても！

331 kcal

調理時間 約 20 分

すいとん

ひとつの鍋でできる主食代わりの一品。
ほどよい歯ごたえで、満腹感もアップします。

材料：2人分

めんつゆ（4倍希釈）：大さじ3
にんじん：1/2本
しいたけ：2枚
こんにゃく：1/2枚
小麦粉：150g
水：125ml
あさつき：1本

作り方：

① にんじんは皮をむき、いちょうに切る。しいたけは石突きを落とし、スライスする。こんにゃくは短冊に切り、熱湯で茹でる。

② 小麦粉と水をよく混ぜ合わせる。手にべとつかないくらいが目安。

③ 鍋に水500mlを入れ煮立て、「1」を入れアクを取りながら野菜がやわらかくなるまで約5分煮る。

④ めんつゆを加え（飲める濃さが目安）、「2」をスプーンですくって落とす。

⑤ すいとんが浮かんできたら小口に切ったあさつきを散らす。

矢沢流 Point!

すいとんは、手にべとつかないくらいにするとももちもち感がでます。

きゅうりとわかめの梅肉酢和え

74 kcal　調理時間 約5分

梅酢が味をきりりとしめて、口直しにはぴったりです。
こんな小鉢料理は重宝すること間違いありません。

材料：2人分

きゅうり：1本
乾燥わかめ：5g
しらす：20g

調味料
- 砂糖：大さじ2
- 塩：少々
- 梅酢：大さじ1と1/2
- みりん：小さじ2

作り方：

1. きゅうりは薄い小口切りにして、塩でもんでから洗い、スライスする。調味料に漬けて冷蔵庫で一晩おく。
2. わかめは水で戻し、しっかりと水気を切る。
3. ボウルにきゅうり、わかめ、しらす、調味料を和えて、器に盛る。

矢沢流 Point!
仕上げにわかめとしらすを和えるのがポイントです。

きゅうりとタコの酢の物

78 kcal　調理時間 約10分

合わせ酢は数回に分けて和える。
このひと手間で、タコの味が凝縮されます。

材料：2人分

きゅうり：1本
塩：小さじ1/2
乾燥わかめ：5g
茹でタコ：足1本

合わせ酢
- かつおだし汁：大さじ2
- 酢：大さじ2
- 砂糖：大さじ1
- 塩：小さじ1/3
- しょうゆ：適量

作り方：

1. きゅうりは薄い小口切りにして塩を振り、しばらくして、しんなりしたら軽くもみ、水気をしぼる。
2. わかめは水に漬け戻してから、水気を切る。タコはぶつ切りにする。
3. ボウルに合わせ酢の材料を混ぜ合わせる。
4. 別のボウルに、きゅうりとわかめを混ぜ合わせ、合わせ酢の1/3量をかけて軽くしぼる。
5. 「4」にタコを加え、残りの合わせ酢を加えて全体を和える。

矢沢流 Point!
お好みでおろしたしょうがを足しても美味。

イカの明太子和え

54 kcal　調理時間 約5分

イカが細ければ細いほど、明太子とよくからんで濃厚な味わいになります。

材料：2人分

イカ（刺身用千切りにしたもの）：1/2杯
明太子：1/2腹
大葉：2枚

作り方：

① 明太子は皮をそぎ取り、イカと混ぜ合わせる。

② せん切りにした大葉を加えて、さらに和える。

矢沢流 Point!
お好みで、長ねぎや焼いたあぶら揚げを加えてもOK。

切り干し大根

166 kcal　調理時間 約15分

飽きのこないおいしさ。ごま油と相性がよく、炒め物からサラダまで幅広くいただけます。

材料：2人分

切り干し大根：15g
小松菜：60g
ごま油：大さじ1 1/2
しょうゆ：大さじ4
みりん：大さじ1
酒：大さじ1

作り方：

① 切り干し大根はもどして水気を切る。小松菜は4cm幅に切る。

② 鍋にごま油を入れ、切り干し大根を炒める。油がなじんだらかつおだし汁、酒、しょうゆを入れて7〜8分煮る。

③ 汁気がなくなってきたら、小松菜を加える。

矢沢流 Point!
ごま油で炒めることで、風味がよくなります。

ちくわの天ぷら
～青のりと桜えび風味

香りの衣をちくわに巻いて、カリっと揚げます。
青のりと桜えびでおいしいアクセントを。

551 kcal

調理時間 約20分

材料：2人分

小麦粉：100g
水：180ml
卵黄：1個分
青のり：小さじ1
桜えび：大さじ2
ちくわ：2本
揚げ油：適量

作り方：

① ボウルに小麦粉、水、卵黄をさっくりと混ぜ合わせ、青のり、桜えびを加えて軽く和える。

② ちくわは縦半切りにし、3等分にする。表面に小麦粉をはたき、余分な粉を落とす。

③ 揚げ油を160度にして揚げる。

矢沢流 Point!
桜えびの食感が楽しい一品です。

35 kcal　調理時間 約10分

即席佃煮風

材料を混ぜただけで奥深い味になるのが
乾物のいいところ。保存食は上手に使って。

材料：2人分

塩昆布：10g
いりこ：8g
削りぶし：2g
干ししいたけ：1枚
しょうゆ：小さじ1
酢：小さじ1/2
みりん：小さじ1

作り方：

① 干ししいたけは水で戻し、薄くスライスする。

② すべての材料を混ぜ合わせる。

矢沢流 Point!
ごはんにかけたり、お茶漬けなどにもできますよ。

---

249 kcal　調理時間 約20分

ひじき

ひじきはたっぷり作って
たっぷり食べてほしい栄養の宝庫。

材料：2人分

生ひじき：50g
タカノツメ：1本
ごま油：大さじ2
にんじん：50g
しいたけ：1枚
こんにゃく：1/2枚
さつま揚げ：1枚
しょうゆ：大さじ3
砂糖：大さじ3
みりん：大さじ1

作り方：

① さつま揚げは熱湯に通し、にんじん、しいたけは千切りにする。

② 鍋にごま油を熱し、にんじん、しいたけを炒め、さつま揚げ、タカノツメ、ひじきを加える。

③ 「2」の油がなじんできたら、砂糖、しょうゆ、みりんを加える。

④ 汁気がなくなるまで煮る。

矢沢流 Point!
さつま揚げをあぶら揚げやちくわに代えてもOK。

そうめんスナック

102 kcal

調理時間 約5分

残りがちなそうめんがおいしく変身。
グラスに盛れば、テーブルが一気ににぎやかになります。

材料：2人分

乾燥そうめん：1/2束
塩：適量
揚げ油：適量

作り方：

1. フライパンに1cmぐらい油を注ぎ、中火にかける。ふつふつしてきたら、そうめんを揚げる。
2. からりと揚がったら取り出し、熱いうちに塩をふる。
3. 好みで、乾燥バジル、カレー粉、シーズニング、コショウ、七味などをふる。

矢沢流 Point!

そばやパスタでもおいしくできますよ。

焼き梅入りうどん

365 kcal

調理時間 約10分

香ばしい梅の香りがたまらない！たっぷりの削りぶしとネギで、
ほっこりおいしいうどんが完成。よく焼いた梅は風邪の予防効果にも◎

材料：2人分

梅干：2個
うどん：2玉
削りぶし：適量
長ねぎ：適量
めんつゆ：400ml

作り方：

1. 長ねぎは小口に切る。梅干は、焼き網で少し焦げ目がつくまで焼く。
2. うどんは茹でてざるに上げる。めんつゆは沸かし、器に取り分けうどんを盛る。
3. 「2」に梅干をのせ、削りぶし、長ねぎをのせる。

矢沢流 Point!

焼いた梅は、風邪の予防にも最適。クエン酸で疲れもとれます。

284 kcal / 調理時間 約20分

きんぴらごぼう

ごぼうのしゃきしゃきとした歯ごたえが
たまらない定番の一品です。

材料：2人分

きんぴらごぼうセットのカット野菜：250g
こんにゃく：1/2枚
ごま油：大さじ2
タカノツメ（小口）：小さじ1/2
酒：大さじ1
ハチミツ：大さじ1と1/2
しょうゆ：大さじ3
みりん：大さじ1

作り方：

① きんぴらごぼうの野菜はさっと洗ってしっかりと水気を切る。こんにゃくは、きんぴらごぼうの野菜と同じぐらいの大きさに揃え、湯を沸かした鍋に入れ、茹でる。

② フライパンに、ごま油、タカノツメを入れて野菜を炒める。野菜の油が回ったら、こんにゃくを加える。酒、ハチミツ、しょうゆ、みりんを加え、中火で炒めて味を調える。

矢沢流 Point!

ハチミツを使うことで、まろやかなやさしい味に仕上がります。

180 kcal / 調理時間 約15分

ごま酢和え

旬の野菜を使えば、風味豊かな
ほっとする一品になります。

材料：2人分

うど：1本
ごぼう：1本
にんじん：1/3本

ごま酢だれ
白練りごま：大さじ1
白ごま：大さじ1/2
酢：大さじ1
砂糖：大さじ1
塩：小さじ1/2

作り方：

① うどは皮をむき斜めにスライスする。ごぼうは皮をよく洗い斜めにスライスする。それぞれ酢水に漬ける。にんじんは短冊に切る。

② 「1」を軽く火が通るまでさっと熱湯で茹でる。

③ ごま酢だれを合わせて、「2」を和える。

矢沢流 Point!

春菊や菜の花など香りのある野菜を使ってもいいですよ。

矢沢流! お取り寄せ＆マイブーム...etc
お気に入りグルメ・カタログ

職業柄、不規則な生活になりがちな矢沢さんは自身の体調管理と旦那様の健康を担う主婦として、口にするものは特に気をつかうそう。そんな彼女が実際に購入し、よさを実感した食材や商品を数ある中から厳選して紹介してくれました。

五代庵
「紀州五代梅の心」(左)、「梅塩」(右)

「果肉が分厚くとってもジューシー。贈り物にも老若男女問わず喜ばれます」
左￥5,250 16粒木箱入り、右￥525 【A】

ひもの万宝
「伊勢海老干物」

「干物にすることで海老の旨みがギュッと凝縮。味噌もたっぷりで、身につけて食べるともう最高です」1尾￥3,500〜【B】

やまやの食卓
「うちのめんたい 切子(きれこ)」

「無着色で安心。そのままでも充分おいしいですが、ほぐして和え物にすればプチプチ感がより味わえます」400g￥4,179【C】

黄金屋 特製もつ鍋
手間いらずセット(醤油風味)

「お店で食べて以来、ハマってしまいました。定期的に注文するほどお気に入りのセットです」2〜3人前￥3,980円【D】

池上製麺所
るみばあちゃんのおうどん

「"るみばあちゃん"の愛称で有名な讃岐うどんの生麺。驚くほどコシが強くて一度食べたらやみつきに!」￥600【E】

こだわり特選! うまか本舗
長崎産味付け焼きあご

「あごとはとびうおのことで、実はダシをとるのにぴったり。これは味のついたやわらかいタイプで、食べやすい」￥1,390【F】

やずや
「やずやの発芽十六雑穀」

「色々な雑穀を食べてみた中でダントツにおいしかったのがこれ! 続けて食べたいからこそ味が大切です」￥1,890【G】

ハウス食品
「海の幸カレー」

「"お店よりおいしい"と旦那様からお墨付きの私のカレー。実はこのルーが決め手なんです。ぜひお試しあれ」￥231【H】

理研ビタミン
「ふえるわかめ おさしみわかめ」

「手軽にたくさん使える乾燥タイプは、我が家の必需品。シャキシャキとした歯たえがたまりません」￥2,205【I】

百鬼ドレッシング

「野菜・肉・魚なんでも合う万能ダレ。かけるだけで絶品料理になるので、1本あるとすごく助かりますよ」¥730【J】

きのこや「ひじき白和えの素」

「手間のかかる白和えが豆腐一丁さえあればプロ級の味に。ほうれん草と和えてもおいしくいただけます」¥315【K】

沖縄の海塩「ぬちまーす」

「宮城島の海水を100%使ったミネラルたっぷりのお塩。素材の持ち味をいかしてくれます」250g ¥1,050【L】

日本食研「酸素プラス」

「天然水に酸素が溶け込んだ口当たりの優しい水。スポーツにぴったりなので、夫婦でいつも飲んでいます」¥160【M】

Bo-Lo'GNE「ボローニャデニッシュパン」

「トーストする度にほんのり甘いバターの香りが広がって、食べると幸せな気分になる大好きなパンです」3斤 ¥1,365【N】

白玉屋新三郎「冷凍白玉甘味」

「白玉に目がない私の一押し商品。好みの素材と一緒に、口あたりのなめらかな白玉がいつでも味わえます」¥525〜【O】

ねんりん家「マウントバームしっかり芽」

「店舗ではバームクーヘンの仕上げが見れますよ。松坂屋銀座店限定のしょこらタイプもおすすめです！」¥735〜【P】

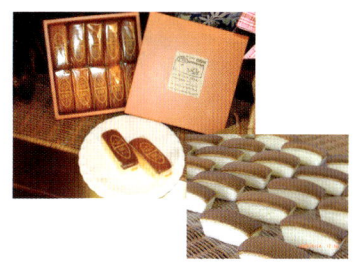

パティスリー菓樂「西賀茂チーズ」

「チーズの甘さが口の中でフワッと溶ける軽い食感。1個94円とリーズナブルなのも魅力的です」10個箱入り ¥1,045【Q】

自由が丘ロール屋「自由が丘ロール」

「カスタードクリームと生クリームをふわふわの生地でくるんと巻いたシンプルなロールは絶品」ハーフ ¥1,260〜【R】

FRuVEGe「あまおうショートケーキ」（左）、「青果市場のきまぐれタルト」（右）、「CHIRAN ハヤト芋」（奥）

「市場から届いた新鮮な果物がゴロゴロ入ったケーキがズラリ。いつもどれにしようかすごく迷います」左 ¥800、右 ¥650、奥 100g¥190【S】

問い合わせ先

【A】五代庵 GINZA 店 ☎03-3571-5858 / 麻布十番店 ☎03-6436-9119 【B】ひもの万宝 ☎0558-22-8048 【C】やまやの食卓 ☎0120-007-168 【D】黄金屋 ☎0120-14-0402 【E】サンヨーフーズ ☎0877-57-3100 【F】こだわり特選！うかま本舗 ☎0959-43-0039 【G】やずや ☎0120-377-377 【H】ハウス食品 ☎0120-50-1231 【I】理研ビタミン ☎0120-087-319 【J】百鬼 ☎0155-63-4511 【K】きのこや ☎0120-246-231 【L】ぬちまーす ☎0120-70-1275 【M】日本食研 ☎0120-917-181 【N】グランパボローニャ市川ファクトリー ☎047-324-0404 【O】白玉屋新三郎 ☎0120-478-140 【P】ねんりん家 ☎03-3316-2356 【Q】パティスリー菓樂 〒京都府京都市北区大宮中ノ社町1 ヴィレッジ西賀茂1F ☎075-495-0094 【R】自由が丘ロール屋 〒東京都目黒区自由が丘1-23-2 ☎03-3725-3055 【S】FRuVEGe スイーツフォレスト店 〒東京都目黒区緑が丘2-25-7 ラ・クール自由が丘2F ☎03-5701-2675 ※価格は税込み

「こんなのほしかった！」
矢沢流！ お役立ちキッチンツール

多忙な矢沢さんが、毎日の食事を楽しみながら手早く作るために欠かせない調理器具は、機能・デザイン・耐久性を兼ね備えた優れものばかり。そこで初心者にはまず、作る楽しみを知ってほしい。そんな思いから、簡単にあつかえる便利アイテムだけを集めました。

ル・クルーゼ
「ココット・ロンド(20cm)」(上)、
「ココット・ダムール」(中)、
「ラウンド・トリベット」(下)
「ひとつあれば料理の幅がぐんっと広がるホーロー鍋の代名詞。見た目の可愛さもポイント」上中￥27,000 下￥10,000【A】

designshop
「南部鉄器 洋鍋 中 釜定工房」
「鉄分が溶けだして貧血予防や肉を柔らかくしてくれます。何にでも合うモダンなデザインも◎」2～3人用 ￥9,450【B】

OXO
「クリアサラダスピナー」
「意外と手間のかかる野菜の水切りがあっという間にできる優れもの。シャキシャキのサラダに感動！」小 ￥4,200【C】

焼き物得意ネット
「フライパンに敷いて肉や魚を焼くと余計な油が落ちてヘルシーに。お手入れも簡単なアイディア商品です」￥1,418【D】

盛弘特製
高級家庭用料理包丁
「職人が一本一本丁寧に造る一級品。魔除け効果もあり、名前を入れて長年愛用しています」黒打ペティ(大) ￥4,200【E】

フルーツストロー
「差し込むだけで果汁100%のジュースがいつでも味わえます。新鮮なグレープフルーツを手に入れたらぜひ」￥189【F】

ファッケルマン
ファニーキッチン・アップルカッター
「リンゴや梨の上からあてて押し下げるとキレイに8等分カットにされます。忙しい朝に大活躍！」￥546【G】

ACUREX
「デジタル計量スプーン」
「健康管理に目分量は禁物。これはスプーンですくった量をデジタル表示するので少量でも計りやすい」¥2,940【H】

ルピシア
「オリジナルハンディークーラー」（左）、ハーフサイズ（右）
「熱湯も平気な耐熱ガラス製。スタイリッシュなデザインが気に入ってます」
左 1l ¥1,890、右 600ml ¥1,680【I】

曙産業
「レンジモチアミ」
「レンジでつきたてのようなお餅が食べられるお気に入りアイテム。アミにお餅がくっつかないのもうれしい」¥525【J】

ティファールスチームクッカー
「ウルトラコンパクト」
「栄養素たっぷりのヘルシーな蒸し料理が手軽に作れます。タイマー付きなのでそばを離れてもOK」¥12,600【K】

シャープ
「ヘルシオ AX-X1-R」
「水で焼くことで、カロリーは減らしても旨みはキープ。カラー液晶でレシピも見れる優秀家電です」¥オープン価格【L】

テスコム
「IH調理器 TIH2000」
「お鍋やシチューなど熱々がおいしいメニューに使うのがおすすめ。細かい火加減の調節もバッチリです」¥22,050【M】

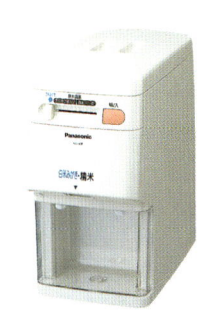

パナソニック
「精米器（コンパクトタイプ）KG-16P」
「お米は精米したてが一番おいしい！古くなったお米も精米すると新米のような味わいが復活します」¥オープン価格【N】

有機野菜などの安心食品宅配 感動食品専門スーパー Oisix（おいしっくす）
ナチュラル＆オーガニックスーパーのOisix（おいしっくす）(http://www.oisix.com) は、おいしくて、体に良いものを手軽にお届けする国内最大規模の食品販売サイトです。収穫はご注文を受けてから、配送においては留め置きではなくお客様に手渡することによっておいしい食品宅配をご提供しています。安心はあたりまえ、おいしく・忙しくても続けやすく・カラダにいい食材を毎週希望にあわせてお好きな時間に、全国にお届けしています。初めての方にはおためしセットがお勧めです。
(https://www.oisix.com/sc/recipe)

問い合わせ先

【A】ル・クルーゼジャポン ☎ 03-3585-0549
【B】designshop ☎ 03-5791-9790
【C】OXO ☎ 0570-03-1212
【D】竹原製罐 ☎ 06-6371-2317
【E】盛弘鍛冶工場 fax0943-35-0051
【F】ドルフィンズ ☎ 03-5770-5021
【G】コラムジャパン ☎ 03-3252-7571
【H】ハーブスタイル ☎ 0120-414-802
【I】ルピシア ☎ 0120-11-2636
【J】曙産業 ☎ 0256-63-5071
【K】ティファール ☎ 0570-07777-2
【L】シャープ ☎ 0120-078-178
【M】テスコム ☎ 03-5719-2094
【N】パナソニック ☎ 03-6403-3836

※価格は税込み

撮影：荒井大洋

食材別INDEX

【あ】

油揚げ	矢沢流味噌汁 14
うど	ごま酢和え 79
エノキ	豚肉とキャベツのミルフィーユ蒸し 10
	きのこたっぷり豆腐ステーキ 26
	鶏肉のめんつゆ煮 51
オクラ	ぶっかけうどん 15
アスパラ	豚肉とたっぷり野菜のスチーム 49

【か】

かいわれ	ボイルレバーのソース漬け 50
かぶ	野菜の中華ピクルス 65
カニかま	カニかまの海苔巻き 71
かぼちゃ	かぼちゃ煮 30
カリフラワー	カリフラワーのタルタルソースがけ 36
キャベツ	豚肉とキャベツのミルフィーユ蒸し 10
	五目煮 33
	キャベツと小松菜の塩昆布浅漬け 34
	豚ロースの甘ダレ炒め 40
	豚肉とたっぷり野菜のスチーム 49
	もちもち肉団子 64
	キャベツとツナサラダのサンドイッチ 66
	キャベツ蒸し 70
きゅうり	鶏肉のおろし和え 53
	きゅうりとわかめの梅肉酢和え 73
	きゅうりとタコの酢の物 73
グリーンピース	豆とじゃがいものポテトサラダ 32
ごぼう	筑前煮 16
	五目煮 33
	野菜の中華ピクルス 68
	ごま酢和え 79
小松菜	キャベツと小松菜の塩昆布浅漬け 34
	切り干し大根 74
こんにゃく	筑前煮 16
	五目煮 33
	牛すじ煮込み 46
	すいとん 72
	ひじき 76
	きんぴらごぼう 79

【さ】

桜えび	ちくわ天ぷら〜青のりと桜えび風味 75
さつま揚げ	ひじき 76
さつまいも	さつまいものあずき煮 63
しいたけ	すき焼き 18
	きのこたっぷり豆腐ステーキ 26
	鶏肉のめんつゆ煮 51
	もちもち肉団子 64
	すいとん 72
	ひじき 76
しめじ	豚肉のチーズたっぷりホールトマト煮 8
	きのこたっぷり豆腐ステーキ 26
	鶏肉のめんつゆ煮 51
しらす	みょうが風味のサラダ 35
	きゅうりとわかめの梅肉酢和え 73
しらたき	すき焼き 18
じゃがいも	ポトフ 20
	豆とじゃがいものポテトサラダ 32
	あさりとじゃがいものサラダ 65
春菊	すき焼き 18
スプラウト	みょうが風味のサラダ 35
ぜんまい	豚肉と山の幸の田舎煮 24
ソーセージ	ポトフ 20

【た】

大根	豚肉とキャベツのミルフィーユ蒸し 10
	根菜甘酢和え 28
	豚肉のみぞれ煮 42
	鶏手羽の根菜煮 44
	鶏手羽先のやわらかスープ 52
	鶏肉のおろし和え 53
	ホタテ缶煮 59
大豆	五目煮 33
たくわん	ぶっかけうどん 15
たけのこ	筑前煮 16
	豚肉と山の幸の田舎煮 24
卵	カリフラワーのタルタルソースがけ 36
	シーフードと野菜のチヂミ 58
	ホタテのかきたまスープ 61
	ちくわ天ぷら〜青のりと桜えび風味 75
玉ねぎ・紫たまねぎ	ヨーグルト入りハンバーグ 12
	シーフードカレー 19
	ポトフ 20
	イカのトマト煮 29
	紫玉ねぎとトマトのカルパッチョ 31
	カリフラワーのタルタルソースがけ 36
	豚肉と玉ねぎの冷製 45
	あさりとじゃがいものサラダ 65
	キャベツとツナサラダのサンドイッチ 66
	ガルバンゾ豆とひき肉のコロッケ 67
ちくわ・焼きちくわ	五目煮 33
	ちくわ天ぷら〜青のりと桜えび風味 75
豆腐	すき焼き 18
	きのこたっぷり豆腐ステーキ 26
	とろろ昆布風味の即席サラダ 32
トマト・プチトマト	シーフードカレー 19
	紫玉ねぎとトマトのカルパッチョ 31
	とろろ昆布風味の即席サラダ 32

【な】

長いも	ぶっかけうどん 15

長ねぎ	すき焼き 18			ボイルレバーのソース漬け 50
	牛すじ煮込み 46			ガルバンゾ豆とひき肉のコロッケ 67
	豚肉とたっぷり野菜のスチーム 49		鶏肉	ヨーグルト入りハンバーグ 12
	シーフードと野菜のチヂミ 58			筑前煮 16
	もちもち肉団子 64			鶏チリ 17
なす	なす蒸し 70			鶏手羽の根菜煮 44
納豆	ぶっかけうどん 15			ささ身とピーマンのマリネ 48
なめこ	矢沢流味噌汁 14			鶏肉のめんつゆ煮 51
				鶏手羽先のやわらかスープ 52
ニラ	シーフードと野菜のチヂミ 58			鶏肉のおろし和え 53
	ホタテのかきたまスープ 61		牛肉	すき焼き 18
にんじん	筑前煮 16			牛すじ煮込み 46
	ポトフ 20			もちもち肉団子 64
	豚肉と山の幸の田舎煮 24		**【魚介類】**	
	根菜甘酢和え 28		イカ	イカのトマト煮 29
	五目煮 33			イカの明太子和え 74
	鶏手羽の根菜煮 44		タコ	紫玉ねぎとトマトのカルパッチョ 31
	牛すじ煮込み 46			きゅうりとタコの酢の物 73
	すいとん 72		ホタテ	ホタテのオリーブオイルソテー 60
	ひじき 76			
	ごま酢和え 79		明太子	イカの明太子和え 74
【は】			**【缶詰】**	
パプリカ	イカのトマト煮 29		ホールトマト缶	豚肉のチーズたっぷりホールトマト煮 8
	ささ身とピーマンのマリネ 48			イカのトマト煮 29
ひじき	ひじき 76		ホタテの水煮缶	ホタテ缶煮 59
ほうれん草	豚肉のチーズたっぷりホールトマト煮 8			ホタテのかきたまスープ 61
	ほうれん草とコーンのバター炒め 62		粒コーン缶	ほうれん草とコーンのバター炒め 62
【ま】			茹であずき缶（つぶあん）	さつまいものあずき煮 63
豆もやし	ホタテのかきたまスープ 61			
みょうが	みょうが風味のサラダ 35		あさり缶	あさりとじゃがいものサラダ 65
	ボイルレバーのソース漬け 50		ツナ缶	キャベツとツナサラダのサンドイッチ 66
	鶏肉のおろし和え 53		ガルバンゾ豆の水煮缶	ガルバンゾ豆とひき肉のコロッケ 67
【や】			**【主食系】**	
山いも	豚肉と山いものレモン風味焼き 47		うどん	焼き梅入りうどん 78
ヨーグルト	ヨーグルト入りハンバーグ 12			ぶっかけうどん 15
【ら】			食パン	キャベツとツナサラダのサンドイッチ 66
ラディッシュ	豚肉とたっぷり野菜のスチーム 49			
レタス	鶏チリ 17		もち米	もちもち肉団子 64
	とろろ昆布風味の即席サラダ 32		乾燥そうめん	そうめんスナック 77
レモン	豚肉と山いものレモン風味焼き 47		**【その他】**	
れんこん	筑前煮 16		梅干	焼き梅入りうどん 78
	もちもち肉団子 64		乾燥わかめ	きゅうりとわかめの梅肉酢和え 73
	野菜の中華ピクルス 65			きゅうりとタコの酢の物 73
【肉類】			切り干し大根	切り干し大根 74
豚肉	豚肉のチーズたっぷりホールトマト煮 8		干ししいたけ	即席佃煮風 76
	豚肉とキャベツのミルフィーユ蒸し 10			
	ヨーグルト入りハンバーグ 12		冷凍シーフード (MIX)	シーフードカレー 19
	豚肉と山の幸の田舎煮 24			シーフードと野菜のチヂミ 58
	豚ロースの甘ダレ炒め 40			
	豚肉のみぞれ煮 42			
	豚肉と玉ねぎの冷製 45			
	豚肉と山いものレモン風味焼き 47			
	豚肉とたっぷり野菜のスチーム 49			

『矢沢心の簡単＆ヘルシー★レシピ』は、いかがでしたか？

　お気に入りレシピや食材、愛用品など丸ごと紹介させていただきました。

　この本を手に取ってくださったみなさんの、少しでも参考になればいいなと思います。

　健康で健全な食生活が送れるよう旬の食材もぜひ採り入れてくださいね。味がよくて栄養価も高く旬だけによく採れるため、価格もお手頃になります。しかもその季節に私たちが必要な栄養素を多く含んでいるので一石二鳥ですよ(笑)。

　この本が世代問わず男女問わず皆さんのバイブルとして使っていただければ嬉しいです。

　「いただきます」、「ごちそうさま」は、とっても大事なことです。

　「いただきます」とは、生命の命をいただいて生きていることへの感謝の気持ち。「ごちそうさま」は、料理を作ってくれた人への感謝の気持ちを表すんです。食事に感謝する心を育みながら料理をしたり食してみてくださいね。

矢沢心

あ と が き

STAFF

企　画	上野建司（INFAS パブリケーションズ）
編集・制作	有限会社カバー
編　集	山内 弘
	島田 将
	宮村佳奈

デザイン	高橋 了

フードコーディネーター	タカハシユキ
調理アシスタント	佐竹 寛、木部真希
スタイリング	飯倉孝枝
料理撮影	鵜澤昭彦

カロリー計算	株式会社カロニック・ダイエット・スタジオ

食材協力	オイシックス株式会社
	Oisix（おいしっくす）http://www.oisix.com/

（矢沢 心）

撮　影	Takeo Dec.
スタイリスト	中井綾子
ヘアメイク	井上祥平

衣装協力	IÉNA 青山店（☎ 03-5468-3222）
	アフタヌーンティー・リビング（☎ 0800-300-3312）
	ラルトラモーダ／二喜商事（☎ 03-3238-1424）
	スタニングルアー 青山店（☎ 03-6418-4783）
	AHKAH 神南店（☎ 03-3463-0222）

2人で食べる！
矢沢心の簡単 & ヘルシー★レシピ

2009年5月1日 初版発行

著　者	矢沢 心
発行者	篠﨑雅弘
発行所	株式会社 INFAS パブリケーションズ
	〒106-0031 東京都港区西麻布 3-24-20・7F
	電話 編集部 03-5786-0683／販売部 03-5786-0725
	http://www.infaspub.co.jp
編　集	上野建司 + 品川亮
販　売	塙秀明 + 永松哲治
印刷・製本	図書印刷株式会社

本書の無断転載・複製を禁じます。
乱丁・落丁本はお取り替えいたします。
定価はカバーに表示しています。